THOMAS HÄRRY

VOLL
VERTRAUEN

ERFAHREN, WIE GOTT MICH TRÄGT

SCM R.Brockhaus

SCM

Stiftung Christliche Medien

Die Edition

A U F A T M E N

erscheint in Zusammenarbeit zwischen
SCM R.Brockhaus im SCM-Verlag, Witten
und dem Bundes-Verlag, Witten.

Herausgeber: Ulrich Eggers

2. Auflage 2011

© 2011 SCM R.Brockhaus im SCM-Verlag GmbH & Co. KG
Bodenborn 43 · 58452 Witten
Internet: www.scm-brockhaus.de; E-Mail: info@scm-brockhaus.de

Soweit nicht anders angegeben, sind die Bibelverse folgender Ausgabe entnommen:
Zürcher Bibel 2007 © Genossenschaft Verlag der Zürcher Bibel
beim Theologischen Verlag Zürich
Weiter wurden verwendet:
Gute Nachricht Bibel, revidierte Fassung, durchgesehene Ausgabe
in neuer Rechtschreibung © 2000 Deutsche Bibelgesellschaft, Stuttgart. (GNB)
Einheitsübersetzung der Heiligen Schrift, © Katholische Bibelanstalt, Stuttgart. (EÜ)

Umschlaggestaltung: Yellow Tree Kommunikationsdesign, www.ytdesign.de
Foto Umschlag/Kapitelanfänge: Alex Emanuel Koch/Photocase
Satz: Breklumer Print-Service, www.breklumer-print-service.com
Druck und Bindung: CPI - Ebner & Spiegel, Ulm
Gedruckt in Deutschland
ISBN 978-3-417-26443-2
Bestell-Nr. 226.443

Für meine Eltern

Inhaltsverzeichnis

Vorwort von Hansjörg Leutwyler

Das Wort Vertrauen begegnet uns täglich. Meist im negativen Sinn. Die Aktienkurse fallen. Wir sind befremdet über die hohen Boni, welche sich die Bosse auszahlen lassen, und trauen den Wirtschaftsführern nicht mehr. Wir reden von Vertrauensverlust und sind nicht erstaunt, dass Vertrauens-Umfragen Politiker und Banker weit hinter den Feuerwehrmännern und Pflegefachfrauen auflisten. Auch der Klerus – Pastoren, Pfarrer und Pfarrerinnen – steht nicht hoch im Vertrauenskurs und ist ebenfalls in der hinteren Hälfte der Vertrauens-Skala zu finden. Nur, ist es wirklich der Pfarrer oder ist es letztlich Gott, dem man wenig zutraut? Ist es Gott, dem man sein volles Vertrauen verweigert?

Gott misstrauen? Die Öffentlichkeit tut es. »Gott, warum?« oder »Gott, wo warst du?« oder »Gott, warum gerade sie?« steht jeweils in den Schlagzeilen der Boulevardpresse. Dann, wenn die Erde bebt und ein Tsunami ganze Städte verwüstet. Dann, wenn Wirbelstürme Schneisen der Zerstörung zurücklassen und ganze Stadtteile dem Erdboden gleichmachen. Dann, wenn nach einem Vulkanausbruch Menschen vermisst werden oder ein Autounfall den Tod in die Familie gebracht hat. »Gott, warum? Warum gerade sie?«

Kann man Gott trauen?

Dem geht Thomas Härry nach. Thomas und ich kennen uns seit über 10 Jahren und sind schon viele gemeinsame Wegstücke gegangen: geistlich tiefschürfend »schmale Pfade« an Stilletagen oder in der Gemeindeleitung wie auch oberflächlich »breite Straßen« vor der Kinoleinwand oder hinter dem Kneipentisch. Dabei ist mir aufgefallen, dass es bei Thomas keine Rolle spielt, wo er gerade lebt: im tiefsinnigen oder im oberflächlichen Bereich. Für ihn ist Gottesnähe und das Vertrauen in Gott ein ganzheitliches und ein allgegenwärtiges Thema. Dieses Buch hat er aus dem Alltag und seinem Erleben heraus geschrieben. Was Sie hier auf dem Leseteller finden, ist deshalb nicht einfach eine fachlich tiefschürfende Abhandlung: theoretisch und weltfremd. Es ist eine theologisch gesunde und für das innere Auge hübsch angerichtete Vertrauens-Mahlzeit. Das macht das vorliegende Buch für mich einladend, spannend und lesenswert.

Thomas Härry zeigt, dass es in der christlichen Nachfolge kaum einen Bereich gibt, der so umkämpft ist wie unser Vertrauen in Gott. Dabei beunruhigt es den Autor nicht, dass die Menschen Gott bisweilen hinterfragen, ihm im Angesicht von Leid mit Zorn begegnen oder ihm gedanklich mit den Fäusten verzweifelt auf die Brust schlagen. Auch bei Christen nicht. Denn wer dies tut, so der Verfasser, der sieht Gott noch als Gegenüber – und drückt damit Vertrauen aus.

Die hier geschmackvoll angerichtete Vertrauens-Mahlzeit will uns helfen, mit Gott zu rechnen. Gott unser volles Zutrauen zu schenken. Uns in jeder Situation an ihn anzulehnen. Auch wenn uns dies nicht immer als Erstes einfällt. Thomas Härry will dabei nicht nur Sie und mich ermutigen. Um sich an die Treue Gottes zu erinnern, schreibt er auch für sich selbst, zeichnet das, was er sagt, auf seine persönliche Haut – und das geht ganz schön unter die eigene.

Thomas Härry beschreibt in der »Vorspeise« den täglichen Kampf um unser Herz. Er schreibt von der Herausforderung, wie man vom bloßen Glauben, dass es einen Gott gibt, zum persönlichen Vertrauen in Gott finden kann. Dabei zeigt er, dass sich das schönste Gesicht des Glaubens im Dunkeln enthüllt, und macht Mut zu begreifen, dass das Sehen im Dunkeln nichts mit blindem Glauben zu tun hat. Er ermutigt, sich von der Macht eines durch Leid erschütterten Glaubens nicht lähmen zu lassen. Das Heilen des angeschlagenen Vertrauens Gott zu überlassen und dafür den Glaubensmuskel zu entwickeln.

Und dann lädt Thomas Härry zur Hauptmahlzeit. In einer Schule des Glaubens führt er uns in das Land des Vertrauens, spricht von Risiken, vom Wagnis und davon, Schätze des Glaubens zu entdecken. Goldstücke.

Den Nachtisch empfehle ich Ihnen ganz besonders: Gottes

Gnade trauen und sich auf seine Führung, Vorsehung und sein Handeln an uns verlassen.

Ich wünsche Ihnen eine gesegnete Vertrauens-Mahlzeit. Bon appétit!

Hansjörg Leutwyler, Suhr
Zentralsekretär der Schweizerischen Evangelischen Allianz (SEA)

Vom Sprung in die Tiefe

Ich stehe mit zittrigen Beinen auf der Brücke und schaue nach unten. Ruhig und dennoch kraftvoll strömt der Fluss unter mir hinweg. Rauschend und mit unbändigem Drang nach vorne. Meine Arme greifen nach hinten und umklammern das Geländer. Ich bin darübergestiegen und stehe nun auf dem winzigen Betonvorsprung an der Außenseite der Brücke.

Es wiederholt sich, was mir immer passiert, wenn ich von einiger Höhe in die Tiefe schaue: Es entsteht in mir eine Art Sog; ein seltsamer Drang, in die Tiefe zu springen. Gleichzeitig packt mich die Angst, es wird mir schwindlig und ich möchte mich so schnell wie möglich aus der Gefahrenzone in Sicherheit bringen. Aber ich bin entschlossen: Ich werde springen! Es gibt kein Zurück.

Aus meinen Augenwinkeln sehe ich, wie sich von Weitem Menschen der Brücke nähern. Das Hämmern meines Herzschlags wird so heftig, dass es beinahe schmerzt. Ich will keine Zuschauer. Ich zähle bis drei, schließe die Augen, reiße mich mit letzter Überwindung vom Geländer los und springe.

Mein Herz scheint stillzustehen. Ich sehe und höre nichts – nur den Wind, der mir entgegenschlägt und in meinen Ohren rauscht. Dann der Aufschlag auf dem Wasser und auf einmal eine seltsame Stille. Das Rauschen ist weg. Um mich herum die grüngraue, gedämpft gurgelnde Masse des Wassers. Mein Körper wird sofort in den unbändigen Sog nach vorne hineingenommen. Ich habe jede Orientierung verloren. Sinke ich weiter oder tauche ich auf? Wo ist unten, wo oben? Was ist vorne und was hinten? Die Zeit steht still und zieht sich dennoch endlos in die Länge. Wie lange halte ich es hier unten noch aus ohne Luft?

In mir machen sich erste Anzeichen von Panik breit. Ich will nach oben. Ich rudere mit den Armen, versuche, mich inmitten dieser reißenden Kraft hochzukämpfen. Meine Versuche erscheinen mir so sinnlos wie das Bemühen einer Mücke, gegen einen Orkan anzufliegen.

Auf einmal höre ich ein klatschendes Geräusch. Licht sticht mir in die Augen. Verschwommen sehe ich das Grün der Uferböschung mit ihren Sträuchern und Bäumen. Die Geräusche kehren zurück. Das Rauschen des Flusses. Das Lachen eines Kindes irgendwo an Land. Eine herrliche Erleichterung packt mich. Ich bin oben! Ich schwimme! Der Fluss trägt mich und ich kann mich langsam wieder orientieren.

Etwa vier Meter vor mir sehe ich den blau-weißen, aufblasbaren Wasserball, den ich kurz vor meinem Sprung ins Wasser geworfen habe. Ich schwimme auf ihn zu und greife nach ihm. Er flutscht mir aus den Händen und springt davon. Auch der zweite Versuch scheitert. Das Panikgefühl meldet sich wieder. Dann habe ich ihn. Ich vergrabe ihn in meinen Armen wie ein Baby, das ich vor bösen Angriffen schützen muss; wie einen Schatz, den ich nie wieder hergeben will.

Getragen

Langsam entspannen sich meine Muskeln. Ich lasse alles los außer den Ball. Ich umfasse ihn und überlasse ihm mein ganzes Gewicht. Auf einmal hellt sich alles in mir und um mich herum auf. Ich nehme das Wasser bewusst wahr. Der Fluss ist jetzt ruhiger geworden. Immer noch ist er unbändig, gefährlich, drängt mit einer gewaltigen Kraft und Masse durch das breite Flussbett. Aber die Wasseroberfläche ist fast glatt. Das Wasser trägt mich.

Ich bin überrascht, mit welcher Geschwindigkeit mich dieser Strom mit sich nimmt. Vom Ufer aus sieht die Aare wie ein friedlicher, ruhiger Fluss aus. Hier drin merke ich auf einmal, mit welcher Kraft sich diese Wassermassen nach vorne schieben. Dennoch habe ich keine Angst mehr. Im Gegenteil. Es ist ein unglaubliches Gefühl, inmitten dieser Macht zu sein, von ihr getragen zu werden. Es ist fast wie fliegen. Ein Schweben; man wird getragen. Getragen vom Wasser, getragen vom halb aufgeblasenen Wasserball in meinen Armen. Mein ganzer Körper kribbelt von der kühlen Frische. Ein wunderschönes Gefühl! In mir drin werden Glückshormone ausgeschüttet. Ich jauchze vor Freude.

Auf einmal nehme ich wahr, dass ich nicht alleine bin. Neben mir, vor mir, hinter mir sind andere Menschen, die sich auch vom Strom tragen lassen. Einige wie ich mit Ball, andere ohne. Alle lassen sich treiben von diesem sie umgebenden, kraftvollen Element. Alles, was wir tun, ist hie und da die Richtung korrigieren. Etwas mehr zur Flussmitte, wenn wieder eine Brücke kommt oder große Steinbrocken am Rand sichtbar sind. Etwas weg von den unruhigen Stellen im Fluss; dorthin, wo das Wasser stiller fließt.

Welch ein Erlebnis!

Nach etwa zehn Minuten sehe ich an der linken Seite ein weit in den Fluss hinausragendes Schild. »Hier aussteigen«, heißt es darauf in schwarzen, rot eingerahmten Buchstaben. An dieser Stelle ist der Fluss breit und bedeutend ruhiger. Am Ufer ragen mehrere rote Geländer über die Uferböschung ins Wasser. Alle Flussschwimmer steuern darauf zu. Das erste verpasse ich knapp. Beim zweiten drängen sich so viele Leute, dass ich entscheide, mich eins weiter treiben zu lassen. Doch auch dort ist der Ausstieg überfüllt. Wieder krabbelt leise Panik in mir hoch. Beim fünften und zweitletzten Ausstieg klappt es endlich. Ich lasse mich nahe ans Geländer treiben und packe zu, als ich auf der richtigen Höhe bin. Gleichzeitig ziehe ich meine Beine an, damit sie nicht an den Steinen am Grund des Flusses entlangschrammen. Auf der untersten Stufe der ins Wasser hinunterführenden Treppe am Geländer trete ich auf und schwinge mich aus dem Wasser.

Noch immer schüttet mein Körper Hormone aus. Ein so noch nie erlebtes Glücksgefühl durchströmt mich. Warme Sonnenstrahlen kitzeln meinen kühlen Körper. Meine Beine zittern immer noch. Nicht mehr vor Angst, sondern vor freudiger Erregung.

Noch einmal springen

Oben am Uferweg des Berner Marzilibads zögere ich keinen Augenblick. Ich schließe mich den vielen anderen Schwimmern an, die sich sofort wieder auf den Weg machen und gegen die Flussrichtung am Ufer entlanggehen. Barfuß. Tropfend. Fröstelnd. Aber sehr entschieden. Sie alle wollen nur das eine: noch einmal springen! Ich auch. Sich noch einmal tragen und treiben lassen. Noch einmal das kühle Nass am ganzen Körper spüren. Das Prickeln beim Hineinspringen. Den kurzen Moment der Orientierungslosigkeit unter Wasser. Und dann die zehn Minuten inmitten dieser gefährlichen und zugleich schönen Kraft des mächtig dahinziehenden Stromes. Wir alle wollen es noch einmal erleben.

An diesem Tag werde ich insgesamt fünfmal springen. Mich fünfmal treiben lassen. Fünfmal wieder aussteigen. Jeder Sprung etwas kühner als der vorhergehende. Jeder Ausstieg etwas geübter und sicherer. Jede »Fahrt« mit dem Wasser entspannter und schöner.

Nach fast zwei Stunden sinke ich erschöpft, aber zufrieden auf mein Badetuch auf der angrenzenden Wiese des Freibads. Ich habe einen Mordshunger!

Der tragende Fluss als Glaubenslektion

Seit meinem ersten Sprung in die Aare zieht es mich jeden Sommer mindestens einmal nach Bern ins Marziliquartier. Auch heute noch sind der Sprung in die Tiefe und das anschließende Schwimmerlebnis im Fluss mitten in der Schweizer Hauptstadt jedes Mal ein Höhepunkt im Sommer.

Gleichzeitig ist mir dieses Flusserlebnis zu einem Bild für den christlichen Glauben geworden. Was ich dort erlebe, wenn ich von der Brücke springe, wenn ich in die faszinierend erfrischende Flut mit ihrem Hauch von Unberechenbarkeit und Gefährlichkeit eintauche, wenn ich vom Strom getragen werde und den

Wasserball festhalte, lehrt mich, worin der Glaube an Gott in seiner Essenz besteht.

Glauben heißt nicht in erster Linie, bestimmten Lehrsätzen und Aussagen über Gott zuzustimmen. Glauben heißt, einen Sprung wagen. Den Sprung in die Arme Gottes, die wie die Aare etwas Gewaltiges, Unberechenbares und zugleich Anziehendes, Einladendes in sich haben. Arme, die mich aufnehmen und vor allem: die mich tragen. Glaube ist letztlich die Erfahrung des Getragenwerdens. Er ist das Vertrauen, dass Gott mich trägt, wenn ich springe. Und dass er mich weiterbringt, ans Ziel. So wie die Aare mich kraftvoll in ihren Fluss aufnimmt und bis zum Ausstieg mitnimmt.

> Glauben heißt, einen Sprung wagen. Den Sprung in die Arme Gottes.

In diesem Buch lade ich Sie ein, den Glauben als ein Abenteuer zu entdecken, bei dem Sie Gott als tragende Kraft erfahren können. Als machtvolles Gegenüber, dem Sie sich anvertrauen können, wie ich mich als Brückenspringer und Aareschwimmer diesen gewaltigen Fluten anvertrauen kann. Doch nicht Ihre eigene (Glaubens-)Stärke macht das Leben mit Gott zum Abenteuer, sondern die Stärke und Macht dessen, dem Sie vertrauen.

Mein Ringen um Vertrauen

Ich schreibe dieses Glaubensbuch als ein Mensch, der seit seinem 16. Lebensjahr bewusst mit Gott unterwegs ist. Ich schreibe als Theologe, der gerne die Bibel studiert, um Gott und seine Wege besser kennenzulernen, und der dabei gerne mit anderen Menschen teilt, was er entdeckt hat. In erster Linie aber schreibe ich als jemand, der Zweifel und Verunsicherung aus eigener Erfahrung kennt. Als Fragender und Hinterfragender; als einer, der in vielen Lebenssituationen wieder neu darum ringen muss, Gott vertrauen zu können. Ich muss gestehen: An Gott zu zweifeln geht viel leichter, als ihm zu vertrauen. Ich schreibe, weil ich das, wovon ich spreche, selber am meisten nötig habe. Ich verabreiche mir selber die Arznei, die ich mit Ihnen teilen möchte.

Gerade heute, beim Schreiben dieser Zeilen erfahre ich, dass unser Auto endgültig unbrauchbar geworden ist. Der Zahnriemen ist kaputt und mit ihm der ganze Motor. Für unseren alten Opel gibt es nur noch ein Zuhause: den Autofriedhof. Da habe ich doch gerade eine einigermaßen sorgenfreie Woche hinter mir. Schöne Momente in der Gemeinschaft mit Gott. Augenblicke, in denen ich mich ihm nahe wusste und vertrauensvoll mit ihm durch den Alltag gehen konnte. All das gerät jetzt wieder ins Wanken. Womit ein anderes Auto bezahlen? Finden wir etwas, das unseren Möglichkeiten entspricht?

Wundern Sie sich darüber, dass schon ein kaputtes Auto mein Vertrauen in Gott wackeln lässt? Gibt es nicht Milliarden von Menschen auf dieser Welt mit weit existenzielleren Fragen und Nöten? Sie haben recht! Meine Sorgen sind unglaublich oberflächlich. Und dennoch sind sie da. Tauchen inmitten meines einigermaßen geordneten Alltags auf. Und rütteln an meinen Glaubensfesten. Fordern mich heraus, die Sache mit Gott neu zu durchdenken. Ringen mir wieder die Entscheidung ab, mit meinem Gott mitten in das Minenfeld meiner Sorgen hineinzugehen und ihn um Hilfe zu bitten.

Nach meiner Erfahrung geht es nicht erst dann um die Vertrauensfrage, wenn die großen Schicksalsschläge drohen, uns den Boden unter den Füßen wegzuziehen. Der normale Alltag an sich führt mich schon beinahe stündlich vor die entscheidenden Fragen: Ist Gott verlässlich? Kann ich ihm auch jetzt trauen, dass er führt, versorgt, hilft? Ist und bleibt er da, wenn ich ihn besonders brauche? Unser Alltag ist ein ständiges Training unseres Vertrauensmuskels. Letztlich ist er eine fortwährende Vorbereitung auf die ganz großen Vertrauensproben, wie sie im Leben eines jeden Menschen mehrmals an ihn herantreten.

Wenn es Sie nicht stört, das Buch eines Menschen zu lesen, der selber immer wieder auf die Nase fällt, dann lade ich Sie herzlich zum Mitgehen ein. Lassen Sie uns gemeinsam das Geheimnis des Vertrauens entdecken!

Eine Reise ins Land des Vertrauens

Was erwartet Sie auf der vor uns liegenden Reise?

Im ersten Teil teile ich mit Ihnen eine Überzeugung, die sich mir in den vergangenen Jahren immer mehr aufgedrängt hat: Nichts in unserem Glauben ist so umkämpft und wird so häufig infrage gestellt wie unser Vertrauen in Gott. Wir befinden uns in einem ständigen Kampf um unser Herz: Kann und will es Gott trauen angesichts der irritierenden Ereignisse, die uns tagtäglich widerfahren?

Im zweiten Teil lade ich Sie zu einem Lernprozess ein. Ich nehme Sie mit in eine Schule des Vertrauens. Entdecken Sie mit mir, in wie vielen Worten und Bildern die Bibel um unser Vertrauen wirbt. Wie sie Glauben beschreibt und lehrt, ist die beste Medizin für vertrauenskranke Menschen wie mich und Sie (verzeihen Sie mir, wenn ich Sie da ungefragt mit hineinziehe, aber die Bibel unterstellt, dass jeder von uns an diesem Punkt besonders anfällig ist …).

Im dritten Teil geht es mir um vier Bereiche, in denen wir besonders schöne Erfahrungen von Freiheit, von Gelassenheit und Zuversicht machen werden, wenn unser Herz im Vertrauen geübter geworden ist. Wenn der Vertrauensmuskel stärker wird (und das ist möglich!), werden wir einige besonders schöne Sprung- und Schwimmerfahrungen machen, um es in den Worten meines eingangs beschriebenen Erlebnisses in der Aare auszudrücken.

Ich habe versucht, die einzelnen Kapitel möglichst kurz zu halten. Mein Ziel war, dass Sie dieses kleine Brevier des Vertrauens Portion für Portion durchgehen können. Indem Sie sich zum Beispiel über einige Wochen hinweg jeden Tag eine Dosis Vertrauensimpuls verabreichen. Und dann im Alltag einüben, was Sie gelesen haben. Am meisten profitieren Sie, wenn Sie das Buch zusammen mit einer zweiten Person oder in einer kleinen Gesprächsgruppe durcharbeiten. Sie finden dafür im Anhang einige Fragen zu jedem Kapitel. Sie sind als Hilfen fürs Gespräch und die gemeinsame Vertiefung des Themas gedacht.

Aarau, im Frühsommer 2011
Thomas Härry

TEIL 1

GLAUBEN HEISST VERTRAUEN

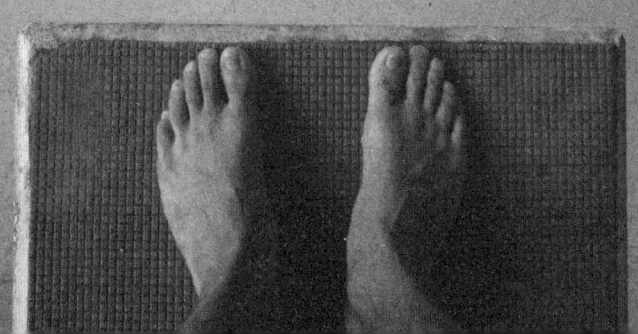

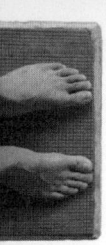

Von der Essenz des Glaubens

Sind Sie auch schon einmal aus einer Höhe von mehr als zwei Metern in einen Fluss oder einen See gesprungen? War es bei Ihnen auch so, dass beim ersten Mal Ihr Herz laut klopfte und Sie allen Mut zusammennehmen mussten, um zu springen?

Auch wenn Sie noch nie einen solchen Sprung gewagt haben, bin ich sicher, dass Sie schon oft in Ihrem Leben vor einer vergleichbaren Situation gestanden haben. Vor einer Herausforderung, einer ungewissen Zukunft, einer bedeutenden Weichenstellung, einer folgenschweren Entscheidung, bei der Sie nicht wussten, was auf Sie zukommen wird. Ich habe in den vergangenen Monaten im Gespräch mit Freunden und Bekannten bewusst in deren Leben hineinzuhorchen versucht, um sicherzugehen, dass die These stimmt, die sich mir in den vergangenen Jahren immer mehr aufdrängt. Die These, dass uns das Leben immer wieder Situationen beschert, in deren wir uns im Blick auf irgendeinen Lebensbereich auf einer Brücke oder einem Sprungbrett wiederfinden und dabei vor die Frage gestellt sind, ob wir springen sollen oder nicht. Und dass in diesen Momenten unser Glaube an Gott auf eine besondere Weise herausgefordert wird.

Kann ich Gott vertrauen?

Vor Kurzem erzählten mir gleich zwei befreundete Männer, dass sie vor einer grundlegenden beruflichen Weichenstellung ständen. Beide wussten, dass sie in einem Jahr nicht mehr dort arbeiten würden, wo sie die letzten zehn und mehr Jahre angestellt gewesen waren. Was aber ihre künftige Tätigkeit sein würde und wo sie diese ausüben würden, wussten beide noch nicht. Zwei Männer auf der Brücke. Kurz vor dem Sprung ins Ungewisse …

Oder da ist der 28-jährige Micha aus meiner Gemeinde. Er

arbeitet als Computerspezialist in einer großen Küchenfirma. Er liebt seinen Job und doch wird er den Eindruck nicht los, dass Gott noch etwas anderes mit ihm vorhat. Vielleicht eine Arbeit im Ausland unter bedürftigen Menschen. Oder als Pastor einer Gemeinde. Er betet, schaut sich um, bittet Gott um Führung. Als ich letztens mit ihm sprach, kam es mir vor, als wäre er kurz davor, über das Brückengeländer zu steigen. Ich vermute, irgendwann in den nächsten Monaten wird für ihn die große Frage kommen: Soll ich springen?

Es fallen mir eine ganze Handvoll weiterer Menschen aus meinem Bekanntenkreis ein, die alle vor einer ähnlichen Herausforderung stehen: Ein junger, befreundeter Asylant, der hier sein in Afrika begonnenes Physikstudium abschließen möchte und seit Jahren darum ringt, in unserer Kultur Fuß zu fassen, die Sprache zu lernen, die Hürden zur Aufnahmeprüfung an der Universität zu schaffen. Eine junge Mutter, die nach ihrem vierten Kind einfach nur noch müde und ausgelaugt ist und nicht weiß, wie sie die kommenden Monate kräftemäßig schaffen soll. Die alleinerziehende Mutter, deren Teenagertochter gerade ungebremst ausbricht, den Glauben hinter sich lässt und ihre Freizeit auf zwielichtigen Partys verbringt.

Das sind ganz unterschiedliche Lebensgeschichten. Während die einen einfach vor einem Schritt ins Ungewisse stehen, sind die anderen schon aufgrund ihrer äußeren Umstände großen Herausforderungen ausgesetzt. Dennoch haben sie alle eines gemeinsam: Alle stehen sie vor der Frage, ob Gott in all diesen Kämpfen und Ungewissheiten vertrauenswürdig ist. Wenn ich springe – wird mich einer halten? Wenn ich falle – ist da einer, der mich auffängt? Wird er mit dieser herausfordernden Lebenssituation, in der ich stehe, fertig? Kann ich ihm vertrauen?

Ich glaube, dass es diese Fragen sind, die uns mit der eigentlichen Essenz und Mitte unserer Beziehung zu Gott in Berührung bringen.

Glaube ist mehr als ein »Fürwahrhalten«

Von Martin Buber, einem jüdischen Religionsphilosophen, ist 1950 ein interessantes Buch erschienen. Es trägt den Titel *Zwei Glaubensweisen*[1]. Darin behauptet er, dass sich der christliche Glaube neben vielen Gemeinsamkeiten in einer Sache doch wesentlich vom jüdischen unterscheidet. Wie nämlich? Buber sagt: Die meisten Christen verstehen unter Glauben die Zustimmung zu bestimmten Sachverhalten über Gott und das Leben. Ihr Glaube ist von Dass-Sätzen geprägt: Sie glauben, dass es Gott gibt. Sie glauben, dass er die Welt und die Menschen erschaffen hat. Sie glauben, dass die Geschichten und Lehren der Bibel im Wesentlichen wahr sind und deshalb eine wichtige Bedeutung haben. Sie glauben, dass Jesus gelebt hat, dass er am Kreuz gestorben und auf irgendeine Weise auch auferstanden ist. Sie glauben, dass Gott heute noch lebt und wirkt.

Ihr Glauben besteht darin, sich zu diesen Sachverhalten zu bekennen. Sie bejahen die damit verbundenen kirchlichen Bekenntnisse und richten sich nach ihnen: Sie gehen in den Gottesdienst, lesen die Bibel, legen die Beichte ab (vor allem, wenn sie katholisch sind), halten sich an kirchliche Feiertage, sprechen Gebete und versuchen so zu leben, wie man es sie in der Kirche gelehrt hat. Glaube heißt für sie: über Gott und seinen Willen Bescheid wissen und das eigene Leben gemäß den verfügbaren Informationen zu gestalten. Dies alles, so Buber, drückt aus, dass Christen ihren Glauben von einem bestimmten Verständnis des griechischen Wortes »pistis« (Glauben) herleiten.[2]

Mit Ausnahme der Tatsache, dass die Juden in Jesus nicht den Sohn Gottes und Erlöser der Menschen sehen, tun sie einige dieser Dinge zwar auch. Aber das steht bei ihnen laut Buber nicht so sehr im Zentrum. Jüdischer Glauben äußert sich weniger darin,

---

[1] Martin Buber: *Zwei Glaubensweisen*. Gütersloh: Gütersloher Verlagshaus, 2. Auflage, 1994.

[2] Die Originalmanuskripte des Neuen Testaments sind in Griechisch verfasst. Wenn darin von »Glaube« die Rede ist, wird das Wort »pistis« verwendet.

dass man die Glaubensfakten kennt und sein Leben danach ausrichtet. Im Zentrum steht etwas anderes: Das hebräische Wort für »Glauben« heißt »emuna«[3]. »Emuna«, so Buber, geht von der Tatsache aus, »dass ich jemandem vertraue«. Es geht um das Vertrauen in den Gott, der sich im Verlauf der Geschichte als vertrauenswürdig erwiesen hat.

Lassen Sie mich erklären, was Buber damit meint: Jüdische Gläubige erfahren aufgrund der biblischen Berichte im Alten Testament, dass Gott in der Vergangenheit an ihren Vorfahren einige aufsehenerregende Dinge getan hat. Er hat sie aus der Sklaverei und Unterdrückung befreit, unter der sie in Ägypten während 400 Jahren gelitten haben. Er hat sein Volk in ein neues Land, nach Kanaan, geführt. Er hat ihnen, obwohl weit unterlegen, im Kampf gegen fremde Stämme und Völker geholfen, als diese mit ihnen kurzen Prozess machen wollten. Er gab ihnen durch Mose die Gebote, eine ganze Rechtsordnung und Verfassung, nach denen sie ihr ziviles und religiöses Leben gestalten konnten. Er gab ihnen Könige, die sie führten, und Propheten, die sie lehrten. Er rettete sie immer wieder aus ausweglosen Notsituationen, in denen sie oft schon alle Hoffnung auf Hilfe aufgegeben hatten. Und nun kommt der Punkt, auf den Buber hinauswill: Juden schauen zurück auf diese bewegte Geschichte und erkennen darin, wie zuverlässig und vertrauenswürdig Gott ihnen gegenüber war. Aufgrund der Treue und Verlässlichkeit Gottes, die sich ihnen eindrücklich zeigt, vertrauen sie, dass er ihnen heute, morgen und übermorgen genauso helfen, sie retten und führen und sich ihnen gegenüber als treu erweisen wird.

Verstehen Sie, worauf Buber hinauswill? Bei aller Übereinstimmung zwischen dem jüdischen und christlichen Glauben sieht er doch diesen einen Unterschied: Wenn Christen glauben, bedeutet das, dass sie bestimmte Wahrheiten anerkennen und sich zu

---

3   Die große Mehrheit der Originalmanuskripte des Alten Testaments ist
    in Hebräisch verfasst. Wenn darin von »Glaube« die Rede ist, wird in
    der Regel das Wort »emuna« (Wortstamm »aman«) verwendet.

ihnen bekennen. Für Juden hingegen bedeutet Glaube, in der Er-
innerung an die Geschichte Gottes Treue zu erkennen und ihm
deshalb zu vertrauen, dass er sie auch heute und morgen sicher
führen wird. Christen stützen sich vor allem auf bestimmte Glau-
bensinhalte; Juden vertrauen dem Gott, der früher schon für sie
da war und darum auch heute und morgen für sie da sein wird.

Glaube als Wissen – Glaube als Vertrauen

Auch wenn ich Martin Buber nicht in allem zustimme, was er zu
diesem Thema schrieb[4], so hat er mit seiner Einschätzung doch
etwas Wichtiges angesprochen. Es gab und gibt im Christentum
eine Tendenz, Glaube in erster Linie als die Zustimmung zu bestimmten Glaubenswahrheiten zu verstehen. Thomas von Aquin
(1225–1274), einer der wichtigsten Theologen der Christenheit,
definierte Glauben beispielsweise so. Für ihn bestand Glaube
wesentlich im Wissen der richtigen, wahren Dinge über Gott:
Wer dem zustimmt, was man über Gott, Jesus Christus und den
Heiligen Geist wissen kann, der glaubt. Wer die Wahrheiten des
Christentums anerkennt und bekennt, der glaubt.

Das ist nicht grundsätzlich falsch: Wissen, Verstehen, Denken
gehören zum christlichen Glauben. Er hat mit Fakten zu tun,
mit Inhalten, mit historischen Ereignissen, mit wichtigen Lehr-
aussagen, die verstanden und angenommen werden sollen. Das
wollte Thomas von Aquin herausstreichen und er hat es so be-

---

4   So teile ich beispielsweise Bubers Meinung nicht, dass die Herleitung
    des Glaubens aus den beiden Begriffen »emuna« und »pistis« zwangsläu-
    fig ein ganz anderes Glaubensverständnis ergibt. Die Christen im Neuen
    Testament verstanden »pistis« weitgehend gleich wie »emuna« – als Ver-
    trauen gegenüber ihrem Gott. Erst später entwickelte sich dieses andere
    Glaubensverständnis, in dem das Fürwahrhalten bestimmter sachlicher
    Aussagen ins Zentrum des Glaubens bei vielen (nicht allen!) Christen
    rückte. Zur Auseinandersetzung mit dieser Frage siehe: Gerhard Wehr:
    Martin Buber: Leben – Werk – Wirkung. Gütersloh: Gütersloher Verlags-
    haus, 2010, Seiten 157ff.

harrlich getan, dass viele Theologen und Kirchenmänner nach ihm (Frauen hatten in dieser Zeit in diesen Dingen leider wenig zu sagen) das Zentrum des Glaubens entsprechend verstanden und die Menschen auch so lehrten.

Rund 270 Jahre später stand allerdings ein bisher weitgehend unbekannter Mann auf und begann zu widersprechen. Er hatte monate-, ja, jahrelang die Bibel in hebräischer und griechischer Sprache studiert und war zu dem Schluss gekommen, der Befund sei eindeutig: »Glaube bedeutet«, so verkündete er seinen zuerst wenigen und dann immer zahlreicheren Zuhörern, »dass man Gott und seinen Verheißungen von Herzen vertraut. Glaube heißt, zu vertrauen!« Dieser Mönch trug den Namen Martin Luther und entfachte mit dieser und einigen anderen ebenso streitbar vorgetragenen Überzeugungen das Feuer der Reformation, welches den Verlauf der Kirchengeschichte auf der ganzen Erde in neue Bahnen lenkte.

Martin Luther hat bezüglich des Verständnisses, was die Essenz des Glaubens ist, nichts Neues entdeckt. Er hat nur seine Bibel gründlich gelesen. Er ist dem Wort »Glaube« (hebräisch »emuna«; griechisch »pistis«) auf den Grund gegangen und hat erkannt: In der Heiligen Schrift bedeutet das Wort praktisch durchweg Vertrauen. Überall, wo der Mensch zum Glauben an Gott aufgefordert wird, wird er eingeladen, Gott zu vertrauen.

> In der Heiligen Schrift bedeutet das Wort Glauben praktisch durchweg Vertrauen.

»Glauben« mit »Vertrauen« ersetzen

Um zu merken, welch einen Unterschied es macht, wenn man das Wort »Glauben« als »Vertrauen« zu verstehen beginnt, sollten Sie einmal den Test machen: Wann immer Sie in Ihrer Bibel über das Wort »Glaube« stolpern, lesen Sie »Vertrauen«. Tun Sie dasselbe beim Verb »glauben«.

Und Abraham glaubte (vertraute) dem Herrn, und das rechnete er ihm als Gerechtigkeit an (1. Mose 15,6).

Glaubt (Vertraut) ihr nicht, so bleibt ihr nicht! (Jesaja 7,9b).

Fürchte dich nicht, glaube (vertraue) nur! (Markus 5,36).

Wir glauben (vertrauen) doch, dass wir durch die Gnade des Herrn Jesus gerettet werden ... (Apostelgeschichte 15,11).

Ohne Glauben (Vertrauen) aber ist es unmöglich, Gott zu gefallen (Hebräer 11,6a).

Merken Sie den Unterschied? Und jetzt denken Sie einmal an die unzähligen Geschichten der Bibel und besonders des Neuen Testaments. Denken Sie etwa an die Momente, in denen Jesus den Glauben von todkranken Menschen rühmt oder die Jünger wegen ihres Kleinglaubens tadelt. Ersetzen Sie überall »Glauben« durch »Vertrauen«. Versuchen Sie es!

Es ändert wirklich alles. Die ganze Sicht, worum es in unserem Glauben geht. Denn es geht auf einmal gar nicht mehr so sehr darum, wie viel man weiß und was man als Christ schon alles im Griff hat, sondern vielmehr darum, dass man einer Person vertraut. Nämlich Gott selbst. Dass man eine so enge Verbindung zu ihm hat, ihm so nahe kommt und ihn so lieb gewinnt, dass man ihm vertraut, was immer auch geschieht. Merken Sie, dass dieses Verständnis alles ändert, wirklich alles?

Kosten Sie diese Entdeckung, falls sie für Sie neu ist, ruhig einen Moment lang aus: Glaube ist eine Frage des Vertrauens!

Machen Sie heute den Test in Ihrem eigenen Leben und tun Sie nichts anderes, als Ihrem Herzen in herausfordernden Situationen des Alltags nahezulegen, Gott zu vertrauen.

Glauben heißt Vertrauen, und im Vertrauen bezeugt sich die Wirklichkeit dessen, worauf wir hoffen. Das, was wir jetzt noch nicht sehen: Im Vertrauen beweist es sich selbst. In diesem Vertrauen haben unsere Vorfahren gelebt und dafür bei Gott Anerkennung gefunden (Hebräer 11,1-2; GNB).

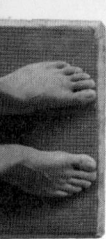

Der tägliche Kampf
um unser Vertrauen

Bei mir 21.01

Wie ist es Ihnen beim Vertrauensexperiment am Ende des letzten Kapitels ergangen? War diese Ausrichtung aufs Vertrauen für Sie einfach, befreiend, beglückend? Oder eher frustrierend, weil Sie auf einmal feststellten, dass es viel einfacher ist, den Geschichten und Aussagen der Bibel zu »glauben« (im Sinne von: sie für wahr zu halten), als Gott als Person in den Höhen und Tiefen des alltäglichen Lebens zu vertrauen?

Ich hoffe, dass Sie viel von Ersterem erlebt haben. Seien Sie aber nicht entmutigt, wenn Sie auch gemerkt haben, dass Vertrauen ganz schön herausfordernd sein kann, obwohl der Gedanke an sich ein schöner, wünschenswerter ist. Was Sie erlebt haben, ist die Realität, die jeder kennt, der in seiner Gottesbeziehung ganz ehrlich mit sich selbst ist: Vertrauen fällt uns schwer!

Vertrauen fällt uns schwer

Glaube als Wissen, als Bekenntnis zu bestimmten Glaubensaussagen, ist viel einfacher. Es fordert mich weniger persönlich heraus. Es ist eine Sache der Überzeugung, der Sichtweise. Vertrauen hingegen setzt eine persönliche Bereitschaft voraus. Es beinhaltet ein Risiko. Ich mache mich abhängig von dem, worauf ich vertraue. Das ist herausfordernd.

Auch die Menschen der Bibel mussten ständig um dieses Vertrauen ringen. Glaube als Wissen und Überzeugung war für sie meistens kein Problem. Aber in den Herausforderungen und Schwierigkeiten Gott wirklich zu vertrauen? Das erforderte eine ganz andere Einstellung.

Nehmen wir Adam und Eva. Von ihnen lesen wir auf den ersten Seiten unserer Bibel, in 1. Mose 1–4. Dass es Gott gibt, ist für sie unbestritten. Er hat sie erschaffen und hat zu ihnen gesprochen. Aber ihm zu vertrauen, wenn die Schlange ihnen einflüstert, dass Gott ihnen möglicherweise das Beste vorenthalten will (siehe 1. Mose 3,5), das ist eine andere Sache. Sie lassen ihr Vertrauen fahren und essen von der verbotenen Frucht.

Oder denken Sie an Abraham. Ja, er vertraut Gott von Herzen, als Gott ihn auffordert, seine Heimat zu verlassen und in das Land zu ziehen, das er ihm zeigen will. Er vertraut Gott, als dieser ihm unzählige Nachkommen verspricht. Aber als dann die Jahre ins Land ziehen, gerät dieses Vertrauen ins Wanken. Besonders an jenem Tag, als er und seine Frau Sara zu der Schlussfolgerung gelangen, dass Gott wohl doch keinen direkten Nachkommen von ihnen meint, sondern eher das Kind von Abraham und einer seiner Mägde.

Denken Sie ans Volk Israel, das aus Ägypten auszieht. Gott tut vor seinen Augen Wunder, die ihm zeigen sollen, dass er es ins versprochene Land Kanaan führen wird. Die darauffolgende Wanderung durch die Wüste allerdings ist eine atemberaubende Reportage über das immer wieder zerbrechende Vertrauen dieser Menschen darauf, dass Gott sie versorgt und führt.

Wir könnten fortfahren mit demselben Volk Israel zur Zeit der Richter. Es verliert immer wieder das Vertrauen, dass Gott und nicht die Götzen der Kanaaniter ihr Versorger ist.

Wir könnten uns dann den späteren Königen Israels zuwenden, die angesichts großer Weltmächte anfangen zu zittern. Statt mit Gottes Hilfe zu rechnen, lassen sie sich auf brüchige Militärbündnisse mit scheinbar starken Nachbarstaaten ein. Ihr fehlendes Vertrauen in Gottes Schutz und Versorgung führt schließlich zur schmachvollen Auflösung des Großreiches Israel.

Wir könnten schlussendlich den Spuren des traumatisierten und desillusionierten Überrests von Gottes Volk folgen. Es findet sich irgendwann mit seiner Schmach ab und fasst darum kaum mehr Vertrauen, als Männer wie Nehemia und Esra ihnen zureden, Gott wolle ihnen einen Neuanfang ermöglichen.

Zur Zeit des Neuen Testaments präsentiert sich im Großen und Ganzen dasselbe Bild: Es fällt der Mehrheit des jüdischen Volkes schwer, diesem Jesus zu vertrauen, weil er so ganz anders ist, als ihre Vorstellungen über den Messias es ihnen vorgeben.

Es fällt sogar den zwölf Jüngern schwer, Gott zu vertrauen, dass der Weg Jesu hin zum Tod am Kreuz einen Sinn ergeben und mit ihm nicht alles aus sein würde.

Oder denken Sie an die Christen, an die sich der Hebräerbrief richtet: Sie können einfach nicht daran festhalten, dass Gott es selbst dann noch gut mit ihnen meint, als sie aufgrund ihres Glaubens verlacht, verfolgt und abgelehnt werden. Ihre Schwierigkeiten flüstern ihnen ein, dass Gott nicht vertrauenswürdig ist.

Die Liste ist endlos und sie zeigt immer wieder dasselbe: Vertrauen fällt uns Menschen schwer.

Vertrauenstest im Alltag

Mir geht es übrigens genauso. Vor ein paar Wochen habe ich in meinem Tagebuch eine ganze Liste von Lebenssituationen aufgelistet, in denen ich gerade wieder um Vertrauen ringe:

Ich ringe darum zu vertrauen, dass Gott meinen Kindern hilft, den Weg durch die Turbulenzen der Teenagerjahre zu finden.

Ich ringe um das Vertrauen, dass eines unserer Kinder die großen Hürden, vor die es sich in der Schule gestellt sieht, irgendwie schafft, weil Gott es nicht im Stich lässt.

Ich ringe um Vertrauen zu Gott, wenn ich die Berge von Aufgaben sehe, die vor mir liegen und mit denen ich mich überfordert fühle. Gibt Gott mir die Ideen, die ich brauche? Gibt er mir die Kraft, Grenzen zu ziehen, Nein zu sagen, das Unverständnis von Menschen auszuhalten, wenn ich sie enttäuschen muss?

Reichen die Finanzen für die endlos erscheinenden Ausgaben, die wir als Familie gerade haben? Zeigt er einen Ausweg in diesem Engpass?

Gibt Gott mir für ein gerade anstehendes Gespräch die nötige Inspiration durch den Heiligen Geist, damit ich dieser Person das Richtige mit auf den Weg geben kann?

Vertrauen, vertrauen, vertrauen! Ich übe mich seit Jahren darin. Manchmal gelingt es. Und immer wieder auch nicht. In den vergangenen Monaten bin ich zu dem Schluss gekommen, dass nichts in meinem Glauben so umkämpft ist wie das Vertrauen. Nichts! Dass Christus für mich die Antwort ist, der Herr, der Erlöser, der Einzige, der das Prädikat Gott verdient, das war für mich in den vergangenen 20 Jahren kaum je ernsthaft infrage gestellt. Aber ihm zu vertrauen, dass er *jetzt gerade* meine Wege sieht und mich in jedem Moment meines Alltags liebevoll begleitet und mit allem Nötigen versorgt, darum ringe ich täglich. Oft verliere ich dabei.

Wenn der Zweifel an uns nagt

Der Alltag beschert uns am laufenden Band Lebensumstände und Situationen, die unser Vertrauen in Gott auf die Probe stellen. Jedes Mal, wenn sich Dinge anders entwickeln, als wir es uns wünschen; wenn Unerwartetes uns vom geplanten Kurs abbringt; wenn Schwierigkeiten und Misslichkeiten auftauchen; wenn Schicksalsschläge und Stürme über uns hereinbrechen; wenn wir Schritte ins Ungewisse wagen müssen – in all diesen Momenten rüttelt das Leben an unserem Vertrauen in die Zuwendung und Verlässlichkeit Gottes. Bei jeder Irritation schaut der Zweifel um die Ecke, blickt uns herausfordernd an und flüstert eindringlich: »Wo ist denn Gott jetzt? Ob ihm da wohl etwas außer Kontrolle geraten ist? Glaubst du wirklich, dass er deine Not sieht und sich darum kümmern wird? Denkst du tatsäch-

> Der Alltag beschert uns am laufenden Band Lebensumstände und Situationen, die unser Vertrauen in Gott auf die Probe stellen.

lich, du seist ihm so viel wert? Könnte es nicht sein, dass du ganz dir selbst überlassen bist?«

Wir kennen die Redewendung, dass »Zweifel an uns nagen«. Jetzt wissen Sie auch, woran diese Zweifel nagen: an unserem Vertrauen.

Der Ort in unserem Herzen, an dem sich uns immer wieder neu die Vertrauensfrage stellt, ist der eigentliche Kampfplatz unseres Lebens. Täglich muss die Frage neu beantwortet werden, manchmal sogar mehrmals am Tag: Vertraust du mir?

Darf ich persönlich werden? Wie wird diese Frage gerade jetzt in Ihrem Leben beantwortet? Wenn Gott jetzt vor Ihnen steht (und das tut er) und Sie fragt:

»Vertraust du mir inmitten deiner momentanen Lebensumstände?

Vertraust du mir auch angesichts deiner gerade ungelösten Fragen und der irritierenden Störmanöver des Lebens?«

Wie lautet Ihre Antwort?

Spüren Sie etwas von diesem Kampf um Ihr Herz? Vom Kampf um Ihr Vertrauen?

Befiehl dem Herrn deinen Weg und vertraue auf ihn, er wird es vollbringen (Psalm 37,5).

Vertrau ihm, Volk Gottes, zu jeder Zeit! (Psalm 62,9a; EÜ).

Im Dunkeln sehen

Ich sitze mit meiner ganzen Familie in einem gemütlichen Gartenrestaurant am Hallwilersee beim Frühstück. Wir genießen das ungestörte Zusammensein und lassen es uns richtig gut gehen.

Da klingelt mein Handy. Eine meiner Töchter verdreht die Augen. Ich kenne die auf dem Display erscheinende Nummer nicht. Nach kurzem Zögern nehme ich den Anruf an. Es ist Ernest, ein junger Asylbewerber aus Nigeria, der seit ein paar Monaten die Gottesdienste unserer Kirche besucht und mir ein Freund geworden ist. Doch in den letzten Wochen habe ich ihn weder gesehen noch etwas von ihm gehört. Ich habe begonnen, mir Sorgen zu machen. Nun höre ich erleichtert seine Stimme. Stockend und in gebrochenem Englisch erzählt er: Er sei in Altstätten, einem kleinen Ort im Kanton St. Gallen, in Abschiebehaft. Man habe ihn beim letzten Gesprächstermin mit seinem Betreuer ohne Vorankündigung dorthin gebracht. Es sei ihm nicht einmal mehr möglich gewesen, seine wenigen Habseligkeiten aus der Asylunterkunft zu holen. Und nun sei er hier und werde demnächst nach Nigeria abgeschoben. Sein Asylverfahren sei definitiv abgelehnt worden. Erschrocken höre ich zu. Schließlich hellt sich seine Stimme dennoch auf und Ernest sagt erleichtert: »Ich bin so froh, dass ich dich erreicht habe – du bist die einzige Person außerhalb dieses Gefängnisses, mit der ich seither gesprochen habe!«

In den folgenden Tagen bemühe ich mich fieberhaft um einen Besuchstermin im Gefängnis von Altstätten. Ich bestelle die entsprechenden Antragsformulare, fülle sie aus, schicke sie zurück und warte, bis ich eine Bewilligung und einen Termin bekomme. Dank einem freundlichen Beamten klappt alles reibungslos. Eine Woche später sitze ich im Auto und fahre quer durch die Schweiz zu Ernest. Unterwegs wird mir bewusst, dass dies die letzte Gelegenheit ist, ihn zu sehen. Traurigkeit erfasst mich. In Gedanken lasse ich die letzten Monate seit unserer ersten Begegnung Revue passieren …

Enttäuschte Hoffnungen

Sein dunkles Gesicht fällt mir erst am Ende der Predigt auf, denn er sitzt ganz hinten in der Kirche. Nach dem Gottesdienst kommen wir ins Gespräch. Ernest stellt sich vor. Ich habe einige Schwierigkeiten, sein gebrochenes Englisch zu verstehen. Aber irgendwie klappt es. Er ist 25 Jahre alt, wohnt in einer Asylunterkunft und wollte am Sonntag in eine Kirche. Verstanden hat er zwar nichts, aber er war in einem Gottesdienst, hörte Lieder, sah Christen und war nicht ganz alleine. Schon das macht ihn glücklich.

Von nun an sehe ich ihn beinahe jeden Sonntag. Auch nachdem er in ein anderes Asylheim in St. Gallen verlegt wird. Jede Woche reist er mit dem Zug nach Aarau, um mit uns Gottesdienst zu feiern. Manchmal ist jemand da, der für ihn übersetzt, manchmal sitzt er einfach nur da und hört unseren für ihn unverständlichen Liedern und Worten zu.

Eines Sonntags lade ich ihn zusammen mit einem anderen Asylbewerber aus Afrika zu mir nach Hause ein. Beim gemeinsamen Mittagessen erzählt mir Ernest von seiner Reise in die Schweiz. Es war die schwierige wirtschaftliche Situation in Nigeria, die ihn veranlasste, in Europa sein Glück zu versuchen. Man sagte ihm, hier habe man viel bessere Chancen als in Afrika. Einige tausend Dollar ärmer und mehrere Monate später landete er in der Schweiz. Jetzt ist er da und wartet auf das Ergebnis seines Asylverfahrens.

In den kommenden Monaten ist Ernest immer wieder Gast bei uns. Nach anfänglicher Unsicherheit wird er immer gelöster. Erzählt von seiner Familie. Von seiner Heimat. Von den Schwierigkeiten, die er hier bei uns, in diesem ganz anderen Land hat. Von der Einsamkeit und den Schwierigkeiten beim Kommunizieren mit Menschen. Von der Ablehnung, die er von vielen spürt. Manchmal setzt er sich an unseren Computer. Er will uns auf YouTube Musik und Menschen aus seiner Heimat zeigen. Wir sehen einige afrikanische Anbetungslieder an, in der bunt gekleidete Sängerinnen und Sänger minutenlang dieselben Worte singen. Ernest sitzt ergriffen vor dem Bildschirm und singt mit seiner rauchigen Stimme mit. Tränen kullern ihm über die dunklen Wangen; seine Stimme versagt. Verlegen lächelt er durch sein tränenverschmiertes Gesicht. Ernest hat Heimweh. Nach seinem Land. Nach seiner Familie. Nach einer Welt, die ihm vertraut und nicht so fremd ist wie die Schweiz.

Und dann auf einmal höre ich nichts mehr von ihm. Er ist wie vom Erdboden verschluckt. Keiner weiß etwas. Bis zu diesem Anruf aus dem Gefängnis in Altstätten …

»Gott trifft keine Schuld«

Nach dreistündiger Fahrt komme ich an. Bevor ich Ernest sehen kann, werde ich regelrecht auseinandergenommen. Ich muss alles abgeben. Jede Tasche wird von innen nach außen gekehrt. Es war wie beim Check-in am Flughafen, nur dass ich der Einzige bin und alles mindestens doppelt so lange dauert. Der Beamte nimmt es ganz genau. Ich muss alles ausziehen: Hose, Unterhemd, Socken. Alle mitgebrachten Gegenstände werden in einem Schrank verwahrt (meine Kleider darf ich wieder anziehen). Nur meine Bibel darf ich mitnehmen, nachdem der Beamte sie minutenlang durchgeblättert und untersucht hat.

Dann lässt man mich in den Besucherraum, wo Ernest bereits wartet. Ausnahmsweise gestattet man uns, im selben Raum zu sein – ohne Glasfront mit Telefonhörern dazwischen. Er strahlt mich mit seinen weißen Zähnen und seinem breiten Grinsen an. Wir umarmen uns, setzen uns dann einander gegenüber und halten uns an den Händen. Nach ein paar Erfahrungen mit Afrikanern weiß ich, dass diese Art von körperlicher Nähe für sie zu Männerfreundschaften gehört.

Wir wissen gar nicht recht, was wir einander sagen sollen. Er erzählt von seinen Schwierigkeiten mit dem Essen, das er hier bekommt. Dinge, die er noch nie gesehen hat. Er führt mir eine kleine Pantomime vor und zeigt mir, wie er mit geschlossenen Augen und zugekniffener Nase diese seltsamen Dinge zu essen versucht. Wir lachen und doch ist es letztlich ein hilfloser Versuch, die traurige Situation dieses letzten Treffens zu überspielen.

Ich lese Ernest den 23. Psalm vor. Frage nach, wie es nun weitergeht. Was er tun will, wenn er in Nigeria ist. Ernest wird ernst und still. Erzählt von seiner Frustration. Von all den Hoffnungen, die er sich damals gemacht hat, als er nach Europa aufbrach. Und von der schmerzhaften Desillusionierung. Dann beginnt er zu weinen. Sagt etwas, das ich nicht verstehe. Ich beuge mich zu ihm hin und höre ihn in seinem gebrochenen Englisch sagen: »But there is no reason to blame God!« Zwei-, dreimal sagt er diesen Satz: »Es gibt keinen Grund, Gott die Schuld zu geben!« Und dann, mit der Andeutung eines Lächeln auf seinem tränenüberströmten Gesicht: »Ich danke Gott jeden Morgen für seine Treue. Und dass ich dich und eure Kirche kennenlernen durfte.« Jetzt steigen auch mir die Tränen in die Augen und in meinem Hals steckt ein dicker Kloß. Ich ringe nach Worten und finde keine.

Unsere Zeit läuft ab, wir müssen uns voneinander verabschieden. Ich schreibe eine Widmung für Ernest in meine englische Studienbibel und schenke sie ihm. Dann umarmen wir uns ein letztes Mal und lange. Ernest drückt die Klingel. Ein Wärter holt ihn. Ich schaue ihm nach, wie er hinter den Türen der Schleuse zum Innenteil des Gefängnisses verschwindet und ein letztes Mal winkt. Dann werde ich von einem anderen Wärter abgeholt.

Während ich benommen über den Parkplatz gehe, hallt dieser eine Satz von Ernest wie ein Refrain in mir nach: »There is no reason to blame God!« – »Es gibt keinen Grund, Gott die Schuld zu geben!« Das sagt mir einer, dessen bisher größter Lebenstraum gerade brutal geplatzt ist. Ein »Traum«, der ihm Tausende von Dollar und eine erniedrigende Odyssee quer durch Afrika, Europa und die Mühlen unseres von endlosen Paragrafen bepflasterten Asylwesens beschert hat. »Gott ist nicht schuld. Ich preise ihn trotz und in allem!« Habe ich da eben richtig gehört?

Drei Tage später bekomme ich eine SMS: »In einer halben Stunde fliegt unsere Maschine nach Nigeria. Ich melde mich, sobald ich kann. Blessings, Ernest«

Vertrauen, wenn ich nichts sehe

Dieser afrikanische junge Mann ist mir zu einem Vorbild im Glauben geworden. Ernest hielt inmitten einer höchst irritierenden und frustrierenden Situation vertrauensvoll an Gott fest: »Gott trifft keine Schuld an dieser Misere! Ich mache ihm keinen Vorwurf.« Wenn ich mir vor Augen halte, wie wenig es bei mir und vielen anderen Menschen in meinem Umfeld braucht, dass wir ernsthaft Gottes Güte und Existenz infrage stellen, dann bin ich beschämt. Wir beginnen schon zu jammern, wenn auch nur einer unserer eitlen Pläne nicht auf Anhieb aufgeht.

> Glaube ist die Gewissheit, in finsteren Momenten nicht alleine zu sein, sondern Christus bei sich zu haben.

Martin Luther hat Glaube so beschrieben:

> *»Darum ist der Glaube eine solche Erkenntnis: ob es wohl ganz und gar finster und dunkel ist und er gar nichts sieht, ist er dennoch gewiss und sieht, dass er Christus in solchem Dunkel und Finsternis wahrhaftig ergreift und hat.«[5]*

Glaube ist Sehen im Dunkeln. Ist die Gewissheit, in finsteren Momenten nicht alleine zu sein, sondern Christus bei sich zu haben. Diese Art von Glauben sah ich bei Ernest, als er inmitten der Traurigkeit über seinen geplatzten Lebenstraum sagte: »There is no reason to blame God!« Und das wiederum ist Aus-

---

5   Zitat aus: Harald Wagner: »Glaube/Glaubensgewissheit«, in Christian Schütz (Hrsg.): *Praktisches Lexikon der Spiritualität*. Freiburg: Herder Verlag, 1988, Seite 524.

druck eines beharrlichen Vertrauens, wie es uns auch in Psalm 116,10 begegnet, wo es heißt:

Voll Vertrauen war ich, auch wenn ich sagte: Ich bin so tief gebeugt (EÜ).

Blinder Glaube?

Mancher mag in diesem Zusammenhang von blindem Glauben sprechen. Immer wieder einmal höre ich diesen Satz: »Du musst Gott blind glauben – darauf kommt es an.« Ich teile diese Sicht nicht. Im Gegenteil: Ich finde diesen Satz gefährlich. Ich sehe nirgends in der Bibel, dass Gott jemanden zu blindem Glauben auffordert. Blinder Glaube wäre, wenn ein Kind mit einem wild-fremden Mann mitgeht, der sich als ein Onkel ausgibt und zufällig ein ähnliches Auto fährt wie sein Vater. So etwas entbehrt jeder sachlichen und auch beziehungsmäßigen Grundlage.

Wenn ein Kind jedoch zusammen mit seinem Vater vor einer wackligen Hängebrücke über einem tiefen Tal steht und Angst hat; wenn es dann seinen Vater hört, wie er ihm gut zuredet und es sich darauf ganz fest an seiner Hand festhält und mit ihm zusammen diesen »gefährlichen Abgrund« überschreitet und dabei immer wieder die Augen zumacht, weil es solche Angst hat – dann ist das Sehen im Dunkeln. Es ist kein blinder Glaube, sondern begründetes Vertrauen in einer angstmachenden Situation. Begründet darum, weil für das Kind diese Situation zwar fremd und Furcht einflößend ist und es nicht weiß, was da auf es zukommt. Aber es kennt seinen Vater und stellt sich deshalb trotz aller Furcht der Herausforderung. Es vertraut seinem Vater, dass dieser es sicher durch die Gefahr hindurch ans Ziel bringen wird.

Momente und Lebensphasen, in denen wir dunkle Stunden oder große Unsicherheit erleben, bringen den Kampf um unser Herz in Gang. Nirgends stellt sich die Vertrauensfrage so dringlich wie hier, wie wir auch im nächsten Kapitel sehen werden.

Glaube, der im Dunkeln sieht – das ist auch der Glaube, von dem Buber in *Zwei Glaubensweisen* spricht: Aufgrund vergangener Erfahrungen der Treue und Verlässlichkeit Gottes vertraue ich auch in der neuen, ungewohnten, irritierenden Situation, dass er ihr gewachsen ist und mich nicht im Stich lässt. Ich sehe im Dunkeln seine Treue, die sich in der Vergangenheit gezeigt hat, und halte an ihr fest.

Und: Im Dunkeln sehen heißt auch, sich in einer misslichen, Angst einflößenden Situation nicht an den Umständen, sondern an den Verheißungen Gottes zu orientieren. Mit diesem Vertrauen brach Abraham aus Ur in Chaldäa ins Ungewisse auf. Doch davon später.

Wird Gott wieder helfen?

In welchen Lebensumständen lädt Gott Sie ein, im Dunkeln sehen zu lernen? Überlegen Sie einmal: Was macht Ihnen im Moment Angst? In welcher Sache fällt Ihnen Vertrauen schwer, weil die Tatsachen Ihnen suggerieren, dass Sie selber schauen müssen, wie Sie zurechtkommen? Wo denken Sie, dass Gott mit Wichtigerem beschäftigt ist als mit Ihren dummen Sorgen?

Sehen Sie der Finsternis in die Augen! Solche Momente können jederzeit und immer wieder nach uns greifen.

Doch dann schauen Sie auf Ihr Leben zurück und fragen sich, wie oft und auf welche überraschenden Weisen Gott in Ihrem Leben schon für Sie gesorgt hat. Wie er Sie in Schmerz und Trauer getröstet hat. Wie er Sie durch Zeichen seiner Fürsorge ermutigt hat.

Was denken Sie: Kann und möchte Gott das wieder tun? Auch jetzt? Was hindert Sie, nach seiner Hand zu greifen und sich mit ihm zusammen vertrauensvoll Ihrer Herausforderung zu stellen?

Seit Ernest nach Afrika zurückgekehrt ist, schreibt er mir immer wieder einmal eine E-Mail. Zuerst hatte er einige Schwierigkeiten, Arbeit zu finden. Nun lebt er in Gambia und ist gerade

dabei, zusammen mit einem Freund ein kleines Geschäft aufzu-
bauen. Es sieht so aus, als würde Gott ihm neue, hoffnungsvolle
Türen öffnen …

*Der Herr … verlässt die Seinen nicht, die ihm treu bleiben (Psalm
37,28; GNB).*

Deal mit Gott?

Es gibt bestimmte Umstände und Ereignisse, die wie keine anderen sonst unser Vertrauen in Gott infrage stellen können. Ich meine Erfahrungen von unerklärlichem Leid und Schmerz. Wenn uns aus heiterem Himmel ein Blitz trifft und zu Boden wirft: eine Krankheit, der Verlust unserer Arbeit, der Tod eines geliebten Menschen, ein Unfall, finanzieller Ruin, der Zerfall unserer Familie oder ein anderes traumatisches Erlebnis. Manchmal reichen aber auch schon weit weniger schlimme Ereignisse aus, um uns aus der Bahn zu werfen.

»Gott, das ist unfair!«

Ich sitze mit David am Tisch einer Pizzeria. Gerade hat jeder von uns eine Pizza Calzone verspeist. Zufrieden nippen wir an unseren Weingläsern. Ich kenne David schon lange. Seit rund acht Jahren arbeitet er als Geschäftsführer einer christlichen Organisation und dient Gott von ganzem Herzen. Er und seine Frau möchten nichts lieber, als sich für Gottes Reich einzusetzen und ihre beiden Kinder für das Leben mit Gott zu begeistern.

Nachdem wir einander von den Höhen und Tiefen unserer letzten Wochen erzählt haben, kommt David auf seinen Sohn zu sprechen. Dieser ist gerade 16 Jahre alt geworden. Im Gegensatz zu seiner älteren Schwester durchlebt er seine Pubertät heftig und intensiv. David gesteht: »Meine Frau und ich kommen an Grenzen. Wir treffen Abmachungen mit ihm, doch er bricht sie andauernd. Manchmal kommt er nachts nicht nach Hause. Wenn wir fragen, wo er war, schweigt er beharrlich. Er rebelliert mit jeder Faser seines Körpers gegen uns, ist verschlossen, sperrt sich stundenlang im Zimmer ein oder hängt mit seinen zwielichtigen Freunden in Kneipen rum. Letzte Woche kam er wieder nicht nach Hause; er übernachtete bei seiner neuen Freundin.«

Während David erzählt, steht ihm seine Verzweiflung und Hilflosigkeit ins Gesicht geschrieben. Schließlich sagt er frustriert: »Ich verstehe Gott nicht! Nun setzen meine Frau und ich uns seit Jahren für ihn ein. Wir haben bewusst darauf verzichtet, das florierende Reisebüro meines Vaters zu übernehmen, weil wir unsere besten Jahre Gott zur Verfügung stellen wollten. Und dennoch lässt Gott es zu, dass wir als Familie solche Kämpfe durchstehen müssen. Ich dachte, dass Gott uns segnen würde, wenn wir uns schon so für ihn einsetzen!« Davids Stimme wird plötzlich leiser: »Ich dachte, er würde dafür sorgen, dass unsere Kinder früh den Weg des Glaubens finden – als eine Art Entschädigung für unseren Einsatz für ihn.«

Während ich David zuhöre, sehe ich sie geradezu aufleuchten über seinem Gesicht – die eigentliche Frage, die ihn quält: »Ist Gott nicht unfair? Ich gebe für ihn mein Bestes und ernte solche Schwierigkeiten? Ist das nicht ungerecht?« Ich kann David nicht einmal widersprechen. Ja, genau so sieht es aus: Unfair!

Gott im Leid den Laufpass geben

Nicht nur für David sieht das Leben unfair aus, auch für viele andere Menschen auf dieser Welt. Eigentlich glauben wir als Christen doch, dass Gott unser Leben weise, gut und liebevoll lenkt. Ist es dann nicht unfair, wenn er Leid zulässt, obwohl ich an ihn glaube?

Diese Fragestellung ist mit ein Grund, weshalb viele Christen ihren Glauben aufgrund persönlicher Leiderfahrungen wieder aufgeben und manche derer, die am Glauben interessiert sind, schließlich doch beschließen, dass es Gott angesichts von so viel Schmerz und Ungerechtigkeit nicht geben kann. Gleichzeitig legt genau dieses Denken eine bestimmte Vorstellung darüber offen, wie sich Gott uns gegenüber zu verhalten hat: Wenn wir an ihn glauben, dann sollte sich das auszahlen. Wenn wir Gott schon unser Vertrauen schenken, dann sollte er im Gegenzug unser Leben gelingen lassen, Schmerz und Leid von uns abwenden und uns mit Segen überschütten.

Das klingt nach einem Deal, nicht wahr?

Vor einigen Jahren starb in unserer Gemeinde eine junge Frau und Mutter völlig unerwartet nach einer Routineoperation. Wir waren geschockt. Unzählige Fragen taten sich auf. Die Lobpreislieder, die von der unendlichen Liebe und Treue Gottes sprechen, blieben uns auf einmal im Halse stecken. In dieser Situation kamen sie uns wie hohle Phrasen vor. Sie wirkten wie Zuckerwatte-Hymnen für geistliche Jahrmarktsmomente, aber völlig untauglich in den Sturmzeiten des Lebens. In den darauffolgenden Tagen kamen manche aus der Gemeinde auf mich zu und stellten Fragen. Überschütteten mich mit ihren Zweifeln, mit ihrer Enttäuschung und ihrem Unverständnis. Gott kam dabei nicht gut weg.

Ein junger Mann, dessen ernsthaftes Christsein ich immer bewunderte, sagte mir: »Ich bin kurz davor, Gott den Laufpass zu geben.« Da stand ich dann, der Pastor, dessen Berufung es ist, seiner Herde in solchen Momenten ein Fels in der Brandung zu sein. Von wegen Fels in der Brandung! Ich wurde von dieser Welle der Verunsicherung genauso weggespült wie alle anderen. Natürlich hatte ich mich vor Jahren schon mit der Frage nach dem Leid beschäftigt und auch darüber gepredigt. Aber wenn das Leid dann wirklich handfest zuschlägt, wirken diese klugen theologisch-philosophischen Gedankengebäude wie hohle Verdrängungsmechanismen. Zum Trost für die vom Schmerz Zerrissenen taugen sie wenig.

Manchmal ist das Leben unfair. Manchmal erscheint uns Gott unfair. Wie kann er uns so viel Leid zumuten? Wie kann er zulassen, dass wir scheitern, die Arbeit, ein Bein, ein Kind verlieren? Wieso unternimmt er nichts gegen zerstörerische Erdbeben und atomare Katastrophen? Weshalb sterben jeden Tag Tausende von unschuldigen Menschen an Hunger? Wie ist es möglich, dass er nicht eingreift, während in Kriegen Städte zerbombt, Kinder zerstückelt und Frauen vergewaltigt werden? Ist es nicht zynisch, da noch von einem Gott zu sprechen, der diese Welt liebt und für sie sorgt?

Leiderfahrungen haben eine ungeheure Macht. Sie können uns innerhalb von Stunden unsere Glaubensgewissheit rauben. Von einem Moment auf den anderen vereinnahmen sie unser Herz und verseuchen es mit Zweifel und Verzweiflung. Gestern noch vertrauten wir Gott wie einem liebenden Vater. Und schon heute erscheint er uns als dunkles, wenig verlässliches, willkürliches Wesen, das Dinge tut oder zumindest zulässt, die uns nur noch verwirren. Gestern noch brachten wir Gott unsere innigen Treueschwüre. Heute spielen wir mit dem Gedanken, ihn auf dem Schutthaufen ausgedienter Lebensentwürfe zu entsorgen.

Die verzweifelte Suche nach Antworten

Seit jeher sind glaubende Menschen angesichts der Frage nach der Vereinbarkeit von Leid und Gottes Liebe ratlos verstummt. Theologen suchten verzweifelt nach Antworten. Die einen (etwa Irenäus von Lyon, ein bedeutender Theologe aus dem 2. Jahrhundert nach Christus) meinten, Leid sei ein notwendiger Weg, den Gott uns zumute, damit wir als Christen im Glauben reifen. Nur dort, wo der Mensch Gutem und Bösem zugleich ausgesetzt ist, kann er Entscheidungen treffen, die zu Gutem hinführen und ihn wachsen lassen. Andere verwarfen diese Sicht und fanden eine andere Erklärung: Das Vorhandensein von Leid sei ein Ausdruck davon, dass Gott bewusst darauf verzichtet, gewisse Dinge mit seiner Macht zu erzwingen. Er will kein Leid, keine Kriege, keine Katastrophen. Gleichzeitig hat er sich aber entschieden, niemals willkürlich über Menschen zu verfügen und sie zum Tun des Guten zu zwingen. Aufgrund dieser Selbstbeschränkung kann bzw. will er das Böse nicht verhindern. Wieder andere bezeichneten dieses Erklärungsmodell als reichlich zynisch (nimmt Gott um der Freiheit des Menschen willen tatsächlich so viel Leid bewusst in Kauf?). Sie suchten deshalb nach anderen Lösungen. Am überzeugendsten ist vielleicht der Vorschlag des deutschen Theologen Jürgen Moltmann (geb. 1926). In seinem 1974 erstmals erschienenen Buch *Der gekreuzigte Gott*[6] spricht er davon, dass angesichts von Leid Gott selbst zuallererst und am meisten leidet. Allein die Tatsache, dass sein Sohn Jesus Christus Mensch wurde, macht deutlich: Gott hat sich entschlossen, in das Leiden von uns Menschen hineinzukommen und es zu teilen. Am Kreuz leidet er mit und für uns. Während sein Sohn stirbt, erleidet Gott selbst den Schmerz der Verlassenheit und des Todes. Seither wissen wir, dass er uns niemals so nahe ist wie im Leid; wie in den Momenten des Lebens also, wenn wir ihn am wenigsten wahrnehmen, er uns am weitesten entfernt scheint und wir uns total verlassen fühlen.

So hilfreich all diese Erklärungsversuche sind, es bleiben doch Versuche. Sie ändern nichts daran, dass unser Leben in dem Augenblick, wenn uns das Leid tatsächlich knallhart trifft, völlig aus den Fugen gerät. Tatsache ist, dass in solchen Momenten ein erbitterter Kampf auf dem Schauplatz unseres Herzens entbrennt. Es gibt in unserem Leben kaum eine vergleichbare Auseinandersetzung.

Vertrauen, solange es sich für uns auszahlt

In keinem Teil der Bibel bekommen wir einen größeren Einblick in diesen Kampf wie im Buch Hiob. Es erging Hiob damals wie David, meinem Freund, der beim Pizzaessen seine Irri-

---

6 Jürgen Moltmann: *Der gekreuzigte Gott: Das Kreuz Christi als Grund und Kritik christlicher Hoffnung.* Gütersloh: Gütersloher Verlagshaus, 9. Auflage, 2002.

tation mit mir darüber teilte, dass er in seiner Familie so wenig Segen sah, obwohl er sich doch von Herzen für Gott einsetzte. Es erging Hiob wie den vielen Personen aus unserer Gemeinde, als diese junge Mutter drei Tage nach einer harmlosen Operation einfach starb. Hiob war ein Mensch, der Gott vorbehaltlos treu war. Dennoch bricht eines Tages der Himmel über ihm zusammen. Er verliert über Nacht seinen ganzen Besitz, seine Kinder und wird todkrank. Innerhalb weniger Stunden verwandelt sich der ihm zugewandte Gott in ein dunkles und bedrohliches Rätsel.

Wie reagiert Hiob? Er tut, was einem Menschen in einer solchen Situation zu tun übrig bleibt: Er hadert mit Gott und beschwert sich lauthals gegen das Unrecht, das ihm widerfahren ist. Dann besuchen ihn seine Freunde. Statt wirklich Anteil zu nehmen, analysieren und kommentieren sie mit ausführlichen frommen Erklärungen sein Schicksal. Je mehr man sich in diese skurrile Geschichte hineinliest, umso hohler wirken die von ihnen vorgetragenen Phrasen vor dem Hintergrund dessen, was hier abgeht. Denn der wirkliche Auslöser von Hiobs Leiden bleibt allen hier so engagiert diskutierenden und mutmaßenden Personen (inklusive Hiob selbst) verborgen. Von diesem seltsamen Deal, auf den Gott sich kurz zuvor mit dem Teufel eingelassen hat, wissen sie alle nichts. Sie haben keine Ahnung davon, dass es hier letztlich um einen großen Test geht, mit dem der Teufel beweisen will, dass wir Menschen ja doch nur deshalb an Gott glauben, weil dieser uns dafür belohnt und segnet. Dass unsere ganze Hingabe, unsere Anbetung, unsere Gebete und unser Gehorsam in Wahrheit nichts anderes sind als eine wohldosierte, berechnende Investition, die wir nur aus einem einzigen Grund leisten: damit Gott uns dafür entschädigt und unser Leben gelingen lässt (erinnern Sie sich an Davids Worte?). Wehe, wenn sich solche Frömmigkeitsübungen nicht mehr auszahlen – so spekuliert der Teufel –, dann ist es mit der Treue des Menschen gegenüber Gott aus und vorbei! Vor diesen ungeheuerlichen Vorwurf gestellt, willigt Gott ein, es am

Beispiel Hiobs darauf ankommen zu lassen. Und so erlaubt er dem Teufel, Hiobs Leben mit einem schrecklichen Tsunami kahlzuschlagen.

Als ich vor einigen Monaten diese Geschichte wieder einmal las, war ich zugleich gefesselt und erschüttert. Man muss sich das einmal vorstellen: Hiob erfährt nie, was da im Hintergrund gespielt wird! Er sieht nur sein Leiden, das absolut keinen Sinn ergibt – und einen Gott, der sich bedeckt hält. Hiob wehrt sich! Begehrt auf! Verteidigt sich gegenüber seinen Freunden, klagt Gott an, der ihn wie seinen gröbsten Gegner behandelt! Bis sich Gott ihm schließlich kraftvoll als derjenige zeigt, der sich uns Menschen nicht zu erklären braucht und dennoch um unser Vertrauen und unsere Hingabe wirbt. Bei Hiob endet die Geschichte so, dass er schlussendlich Gott inmitten seines Leids neu begegnet. Daraufhin entscheidet er sich, ihm trotz allem weiter zu vertrauen. Egal, was geschehen ist und noch kommen mag. Er hat den Kampf gewonnen.

Damals, als diese junge Frau viel zu früh starb, waren wir wie Hiobs Freunde vom zwanghaften Bedürfnis besessen, Gott verstehen, erklären und durchschauen zu wollen. Ich kenne das auch von anderen schwierigen Momenten in meinem Leben, in denen ich wie Hiob frustriert darüber war, dass Gott nicht meinen Vorstellungen und Erwartungen entsprechend handelte. Lohnt es sich angesichts solch unverständlicher Wege, das Herz weiter an ihn zu hängen? Schon mehr als einmal stand mein Glaube auf der Kippe, weil ich ihn von Gottes sichtbarem Segen für mich abhängig machte. Ich kenne diese urmenschliche Tendenz, mit Gott so lange zufrieden zu sein, wie er den eigenen Erwartungen entspricht, aber sogleich eine innere Kündigung zu erwägen, wenn er etwas zulässt, was diese Erwartungen enttäuscht. Letztlich ist es ein Kampf, bei dem es immer wieder so aussieht, als bekäme der Teufel mit seiner These recht, dass wir Gott nur so lange lieben und vertrauen, wie er uns sichtbar segnet. So lange, wie der »Deal des Glaubens« nach unseren Berechnungen verläuft.

Zwei Sichtweisen, die helfen

Ich glaube, dass uns angesichts der Tatsache von unerklärlichem Leid eine zweifache Perspektive weiterhilft. Erstens: Es gibt dunkle Wege, deren Sinn und Ziel uns während unseres Lebens auf dieser Erde verborgen bleiben. Es gibt Zusammenhänge zwischen Himmel und Erde, die uns verschlossen sind und die nur Gott durchschaut. Wir mögen von dem Verlangen verzehrt werden, einleuchtende Antworten zu finden – manchmal bleibt es ungestillt. Wir müssen lernen, diese Tatsache zu bejahen. Manche Ereignisse, Hintergründe, Zusammenhänge und Gottes Rolle darin bleiben uns Zeit unseres Lebens *unergründlich und unerforschlich*, wie Paulus es in Römer 11,33b formuliert.

Zweitens: Wenn uns Leid persönlich trifft, dann ist dies immer der Auftakt zu einem Kampf um unser Herz. Es gibt einen Gott, der um unser Vertrauen wirbt, und es gibt einen Gegenspieler Gottes, der uns mit dem Gedanken ködert, dass es sinnlos und dumm ist, sich auf diesen Gott zu verlassen. Das Wichtigste dabei: Bei diesem Kampf werden die tiefsten Motive unseres Glaubens auf den Prüfstein gestellt.

Glauben wir gewinnorientiert oder hingabeorientiert?

Aus welchem Grund leben wir mit Gott? Weshalb verehren wir ihn und singen wir ihm unsere Lieder? Weshalb beten wir zu ihm, vertrauen ihm und suchen seinen Willen? Geht es uns um Gott oder am Ende doch vorwiegend um uns selbst? Glauben wir gewinnorientiert oder hingabeorientiert? Wie ist das Verhältnis?

Persönliches Leid deckt auf, worum es uns im Glauben letztlich geht. Schmerzliche Erfahrungen können auf diese Weise einen heilenden Klärungsprozess in Gang bringen. Dabei wirbt Gott um eine neue, tiefere Qualität unserer Beziehung zu ihm. Eine Beziehung, in der wir lernen, weniger zu rechnen und mehr zu lieben – so wie Gott es uns gegenüber tut.

Keine Garantien, nur Verheißungen

In einer solchen Läuterungszeit für unseren Glauben lernen wir noch etwas: Unsere Beziehung mit Gott lebt nicht davon, dass wir von ihm in irgendeiner Hinsicht Garantien erhalten. Die Garantie etwa dafür, dass es uns immer gut geht und wir jederzeit von allen möglichen Schwierigkeiten bewahrt werden, weil wir zu ihm gehören. Diese Vorstellung ist nicht nur der Bibel fremd, sondern auch den meisten Christen aus Ländern, in denen es Armut, Hunger, Verfolgung und politische Unruhen gibt. Gott gibt uns keine Garantien, aber er gibt uns Verheißungen. Was auch immer geschieht, die Verheißungen von Gottes Nähe, seinem Trost, seiner Stärke und seinem Segen gelten – gerade und besonders – in den Tiefen unseres Lebens. Dietrich Bonhoeffer sagte es so: »Nicht alle unsere Wünsche, aber alle seine Verheißungen erfüllt Gott.«[7]

Geblendet

Was sonst hilft uns inmitten von Leid, unser Vertrauen in unseren himmlischen Vater nicht zu verlieren? Es ist die Perspektive, zu der Asaf, der Autor von Psalm 73, gelangt. Zu Beginn ist er gründlich verwirrt und frustriert. Er stellt nämlich fest – und das irritiert ihn gehörig –, dass es Menschen, die sich nicht um Gott kümmern, viel besser geht als ihm, der er sein Leben auf Gott ausrichtet:

> *Ich war eifersüchtig auf die Menschen,*
> *die nicht nach Gott fragen;*
> *denn ich sah, dass es ihnen so gut geht …*
> *Sie verbringen ihre Tage ohne Sorge*
> *und müssen sich nicht quälen …*

---

7 Dietrich Bonhoeffer: *Widerstand und Ergebung: Briefe und Aufzeichnungen aus der Haft.* Gütersloh: Gütersloher Verlagshaus, 17. Auflage, 2002, Seite 207.

»Gott merkt ja doch nichts!«, sagen sie.
»Was weiß der da oben von dem,
was hier vorgeht?«
So sind sie alle, die Gott verachten;
sie häufen Macht und Reichtum
und haben immer Glück (GNB).

Und dann vergleicht er diese Beobachtung mit seiner eigenen Situation:

Es war ganz umsonst, Herr,
dass ich mir ein reines Gewissen bewahrte
und wieder und wieder meine Unschuld bewies.
Ich werde ja trotzdem täglich gepeinigt,
ständig werde ich vom Unglück verfolgt ...
Ich mühte mich ab, das alles zu verstehen,
aber es schien mir ganz unmöglich (GNB).

Da haben wir es: Asaf findet das Leben unfair. Er findet Gott unfair! »Ich gebe mir solche Mühe und dennoch erlebe ich Leid! Die Gottlosen tun, was sie wollen, und es geht ihnen prächtig dabei. Gott, das ist nicht fair! Mit unserem Deal stimmt etwas nicht!«

Doch dann gehen ihm auf einmal die Augen auf und er realisiert, wie eingeschränkt seine Wahrnehmung ist:

... bis ich zum Heiligtum Gottes kam
und achthatte auf ihr Ende.
Du stellst sie auf schlüpfrigen Boden,
du lässt sie ins Leere fallen ...
Sie verschwinden, nehmen ein Ende mit Schrecken ...
Als mein Herz verbittert war,
... da war ich ein Narr und hatte keine Einsicht,
dumm wie ein Vieh war ich vor dir.
Nun aber bleibe ich stets bei dir,
du hältst mich an meiner rechten Hand.

Auf einmal erkennt Asaf, was er vorher übersehen hat. Es ging ihm wie jemandem, der nachts auf einer Straße unterwegs ist. Plötzlich kommt ihm auf der Gegenfahrbahn ein Wagen mit Fernlicht entgegen. Dieser starke Lichtstrahl blendet ihn so sehr, dass er für einen Moment lang nichts anderes mehr sehen kann. Weder links noch rechts noch vor ihm. Erst als das Auto vorbei ist, erkennt er seine Umgebung wieder. Obwohl es dunkel ist, nimmt er Bäume wahr, den Straßenrand, andere Menschen, Häuser, einen Hund, vielleicht einen Fuchs. Vorher war er so geblendet, dass er dies alles unmöglich wahrnehmen konnte.

Asaf blendete das Glück derer, die sich keinen Deut um Gott scheren. Er sah nur, wie ihnen jetzt gerade alles zu gelingen schien, während er sich mühsam durchs Leben mit Gott kämpfte und dabei noch nicht einmal von Leid verschont blieb. Diese Wahrnehmung machte ihn für die Wirklichkeit blind – sie blendete ihn wie das volle Licht eines entgegenkommenden Fahrzeugs. Dann aber öffnete Gott ihm die Augen und zeigte ihm, dass nicht das zählt, was er jetzt sieht und wahrnimmt, sondern das, was am Ende sein wird. Dann zahlt sich nicht das an Gott vorbeigelebte Leben aus, sondern der Weg mit ihm. Dann erweist sich das scheinbare Glück der Gleichgültigen als eingeseifter Boden, auf dem die vermeintlich Sicheren, Glücklichen und Erfolgreichen keinen Halt mehr finden. Und der von Leid und Herausforderungen nicht verschonte Weg der Menschen, die trotz Schwierigkeiten Gott weiter vertrauen, als der Königsweg. Der Kampf um Asafs Herz ist gewonnen, als er schließlich singt:

Nun aber bleibe ich stets bei dir,
du hältst mich an meiner rechten Hand …
Mein Glück aber ist es, Gott nahe zu sein …

Falls auch Sie gerade Leid erleben: Lassen Sie sich von der jetzigen Situation nicht blenden. Ihre derzeitige Wahrnehmung führt Sie höchstwahrscheinlich zu falschen Schlussfolgerungen. Warten Sie das Ende Ihrer Geschichte ab. Warten Sie das Ende von Gottes Weg mit Ihnen ab. Die Wahrscheinlichkeit ist sehr groß, dass sich Ihnen Ihr Weg vom Ende her noch einmal ganz anders erschließen wird, als sie ihn jetzt beurteilen. Geben Sie darum nicht auf! Werfen Sie Ihr Vertrauen nicht weg! Es kommt der Tag (vielleicht nicht mehr auf dieser Welt), an dem Sie freudig erkennen werden, dass sich Ihr Vertrauen inmitten Ihres Leids gelohnt hat.

Werft nur jetzt eure Zuversicht nicht weg, die doch so reich belohnt werden soll! (Hebräer 10,35; GNB).

Wenn Vertrauen früh erschüttert wird

»Es gibt keinen besseren Maßstab der Liebe als das Vertrauen. Wenn man einen anderen herzlich und hingegeben liebt, so ist damit das Vertrauen von selbst gesetzt. Liebe kann nicht misstrauen – sie erwartet nur Gutes.«

Meister Eckhart, 1260–1327,
deutscher Theologe, Philosoph und Mystiker[8]

Ein beeindruckendes Zitat! Es zeigt, dass unser Vertrauen in Gott untrennbar mit unserer Liebe zu ihm verbunden ist. Dennoch ahne ich, dass diese Worte von Meister Eckhart einige meiner Leser verunsichern werden. Vielleicht gehören Sie dazu. Gerade der letzte Satz: »Liebe kann nicht misstrauen, sie erwartet nur Gutes«, löst bei Ihnen möglicherweise Druck oder Schuldgefühle aus. Sie wissen von sich selbst, wie oft es Ihnen *nicht* gelingt, Gott ganz zu vertrauen. Und das, obwohl Sie ihn doch lieben. Er gehört zum Höchsten und Wichtigsten in Ihrem Leben. Sie nehmen ihn ernst, möchten mit ihm leben – und dennoch fällt Ihnen Vertrauen schwer. Das macht Ihnen zu schaffen. Sie fragen sich: »Weshalb gelingt mir das nicht? Was mache ich falsch?«

In der Einleitung habe ich Ihnen verraten, dass dieses Buch nicht das Werk eines Glaubenshelden für andere Glaubenshelden ist. Immer wieder gehöre ich selbst zu denen, die Gott lieben und ihm dennoch misstrauen. Ein Beispiel dafür wird Ihnen auch in diesem Kapitel begegnen. Zuvor aber möchte ich erklären, weshalb manche Menschen besonders hartnäckige Schwierigkeiten damit haben, Gott zu vertrauen.

---

8 Aus: Martin Weimer: *Das große Buch der christlichen Zitate.* München: Pattloch Verlag, 2005.

Die Entwicklung unseres Vertrauensmuskels

Stellen Sie sich Ihre Fähigkeit, vertrauen zu können, wie einen Muskel vor. Während unserer körperlichen Entwicklung wachsen unsere Körpermuskeln stetig. Mit rund zwölf Monaten können wir gehen. Wir beginnen, allerhand anzustellen: Wir räumen Schränke aus, zupfen an Zimmerpflanzen herum und klettern gefährliche Treppen hoch. Eltern geraten darüber zwar regelmäßig in Panik, aber so werden unsere Muskeln trainiert!

Mit der Fähigkeit zu vertrauen ist es ähnlich. Wenn Sie zur Welt kommen, ist Ihr Vertrauensmuskel schon vorhanden. Aber er ist noch nicht entwickelt. Er muss trainiert werden. Entscheidend dafür ist die Beziehung zu Ihren ersten und wichtigsten Bezugspersonen. Das sind normalerweise Ihre Eltern, als Säugling besonders Ihre Mutter. Im engen Beziehungsgeflecht Ihrer Ursprungsfamilie wird Ihr Vertrauensmuskel trainiert. Je verlässlicher diese Beziehungen für Sie sind, umso stärker wird er. Je mehr Sie aber verunsichert werden, weil sich Ihre Bezugspersonen in entscheidenden Momenten als nicht verlässlich erweisen, umso mehr bleibt er geschwächt. Es kann sein, dass er geradezu verkümmert. Dann nämlich, wenn Sie besonders oft oder besonders tiefe Erschütterungen Ihres kindlichen Vertrauens erfahren haben.

Es gilt als wissenschaftlich erwiesen: Unsere Fähigkeit, als erwachsene Menschen zu vertrauen, ist wesentlich davon abhängig, ob wir als Kinder unseren nächsten Bezugspersonen vertrauen konnten.

Johannes K. Schlageter formuliert die humanwissenschaftliche Definition von Vertrauen folgendermaßen:

»Vertrauen meint eine grundlegend positiv, aber komplex und vielfältig erlebte Einstellung im Verhältnis zu anderen, zu sich selbst, zur Welt. Bewusst wird Vertrauen vor allem in Beziehungen zu anderen, wenn Risiken, Probleme und Krisen auftauchen und sinnvoll bewältigt werden. *Dem voraus geht das zunächst unbewusste, dann naive Entstehen von Vertrauen seit der frühkindlichen Beziehung zu verlässlichen Bezugspersonen, vorwiegend zur Mutter (Urvertrauen). Das ermöglicht eine grundsätzliche, oft unbewusste Vertrauensbereitschaft, die als Selbstvertrauen,* Grundvertrauen, Sinn- oder Seinsvertrauen oder religiös als transzendierendes Vertrauen zum Ausdruck kommen kann.«[9] (Hervorhebung durch den Autor)

Das heißt: Je mehr ich als Kind positive Vertrauenserfahrungen machen konnte, umso ausgebildeter und kraftvoller ist mein heutiger Vertrauensmuskel. Ich kann anderen Menschen vertrauen. Und auch Gott. Je öfter und tiefer jedoch mein Vertrauen als Kind erschüttert wurde, umso schwerer fällt es mir heute. Selbst dort, wo meine Mitmenschen mir gegenüber liebevoll und vertrauenswürdig sind, bleibt bei mir ein ständiges Misstrauen und die Angst, wieder enttäuscht, verlassen, missbraucht und verletzt zu werden. Und mit Gott geht es mir nicht besser.

> Je mehr ich als Kind positive Vertrauenserfahrungen machen konnte, umso ausgebildeter und kraftvoller ist mein heutiger Vertrauensmuskel.

Der Theologe Karl Rahner bezeichnet unsere frühkindlichen Vertrauenserfahrungen als ein »implizites Gottvertrauen«[10]. Das heißt: Bereits als Kind wird in mir die Fähigkeit oder Unfähigkeit angelegt, Gott zu vertrauen. Zwischen dem Erleben von kindlichem Urvertrauen und der Möglichkeit, als Erwachsener Gott zu vertrauen, gibt es einen direkten Zusammenhang. Manche der größten Schwierigkeiten im Vertrauen zu Gott haben hier ihre verborgenen Wurzeln.

---

9 Johannes K. Schlageter: »Vertrauen« in: Christian Schütz (Hrsg): *Praktisches Lexikon der Spiritualität.* Freiburg: Herder Verlag, 1988, Seite 1370.
10 Ebd.

Erfahrungen, die unser kindliches Vertrauen erschüttern

Im Folgenden einige Beispiele von frühkindlichen Erfahrungen, die ein besonderes Potenzial haben, die Entwicklung unseres Vertrauensmuskels zu beeinträchtigen:

- Verlassenwerden: Eine prägende Vertrauensperson zieht sich langsam oder plötzlich aus dem Leben eines Heranwachsenden zurück oder stirbt.

- Willkür, physische oder psychische Gewalt: Ein Kind erlebt prägende Vertrauenspersonen als unberechenbar, unstetig und wenig zuverlässig. Es fühlt sich ihren unmittelbaren Überreaktionen ausgeliefert, wird missbraucht.

- Konstante Unruhe und Unstetigkeit: Im Umfeld des Heranwachsenden wechseln ständig Normen, Werte und Halt gebende Umstände (Wohnort, Freundeskreis, Bezugspersonen). Wenig bleibt gültig oder ist verlässlich.

- Unnahbarkeit und innere Abwesenheit: Wichtige Bezugspersonen des Kindes bleiben auf Distanz, zeigen kaum Gefühle und teilen sich ihm wenig mit. Das Kind nimmt deren Stimmungen zwar wahr, kann sie aber keinem Sinn ergebenden Zusammenhang zuordnen und fühlt sich dadurch verunsichert.

- Deutliche Ablehnung: Ein Kind spürt oder hört, dass es entweder nicht gewollt ist oder anders sein sollte. Die Eltern haben sich einen Jungen statt eines Mädchens gewünscht oder umgekehrt. Das Kind sollte musikalischer, sportlicher, intellektueller, praktischer etc. veranlagt sein.

- Überhöhte Erwartungen: Ein Heranwachsender spürt von Seiten seiner wichtigsten Bezugspersonen viel Druck: Er sollte angepasst und höflich sein, sein Instrument beherrschen (und damit die Verwandtschaft beeindrucken), den Beruf der Eltern erlernen, deren Geschäft übernehmen, dem religiösen Standard entsprechen etc.

- Tiefe Enttäuschungen: Ein Kind erlebt auf traumatische Weise, dass seine Träume platzen, Liebgewordenes weggenommen und Vorstellungen enttäuscht werden. Etwa durch Krankheit der Eltern, finanzielle Not, Verlust einer Halt gebenden Person oder eines lieb gewordenen Tieres.

- Vernachlässigung: Ein Kind muss zu früh für sich selbst sorgen, weil die Eltern kaum präsent und immer mit Wichtigerem/anderem beschäftigt sind.

- Fehlende Wertschätzung und Ermutigung: Ein Kind hört nie oder selten, dass es von seinen wichtigsten Bezugspersonen geliebt und gewollt ist. Es erlebt wenig echte Zuneigung vermittelnden Körperkontakt. Seine Fähigkeiten werden kaum wahrgenommen und geschätzt.

Diese Aufzählung ist nicht vollständig und umreißt lediglich einige mögliche Kindheitserfahrungen, die dazu führen können, dass jemand in seinem späteren Leben Probleme damit hat, anderen und Gott zu vertrauen.

Weshalb lässt mich Gott im Stich?

Ich zum Beispiel kenne bis heute Momente, in denen ich das Gefühl habe, dass Gott zwar da, mir aber nicht wirklich zugewandt ist. Dieser Eindruck ist mittlerweile zwar selten geworden, aber manchmal doch plötzlich wieder da. Ich weiß dann, dass Gott mich sieht und meine Situation kennt. Gleichzeitig aber erscheint er mir distanziert. Dann zweifle ich daran, dass er sich *wirklich* um meine Schwierigkeiten kümmern wird. Ich bete eindringlich, weil ich in einer bestimmten Angelegenheit dringend sein Eingreifen und seine Hilfe brauche. Noch während ich bete, kann es vorkommen, dass ich innerlich resigniere und denke: »Es nützt nichts! Gott wird nicht handeln. Ich bin mir selbst überlassen.« Ich kann mich an eine Situation vor ein paar Jahren erinnern, in der ich weinend vor Gott kniete und ihn verzweifelt anflehte, doch nicht so distanziert zu schweigen und mich nicht alleinezulassen. Wie kaum je sonst konnte ich mich damals mit den Worten aus Psalm 22 identifizieren, die auch Jesus am Kreuz ausrief:

> *Mein Gott, mein Gott,*
> *warum hast du mich verlassen?*
> *Warum hilfst du nicht, wenn ich schreie,*
> *warum bist du so fern?*
> *Mein Gott, Tag und Nacht rufe ich um Hilfe,*
> *doch du antwortest nicht*
> *und schenkst mir keine Ruhe (Psalm 22,2-3a; GNB).*

Ich habe mich mehrmals gefragt, weshalb ich mich damals und auch in anderen Schlüsselsituationen so von Gott alleingelassen fühlte. Schließlich erinnerte ich mich an ein Erlebnis aus meiner Kindheit.

Ich war etwa fünf Jahre alt. Wir standen im Flur unseres Bauernhauses, ich auf dem Arm meines Vaters. Wir hatten Besuch und mein Vater war in ein angeregtes Gespräch mit einem Mann vertieft. Um zu verstehen, was dann geschah, müssen Sie etwas über meinen Vater wissen: Wenn er in etwas vertieft war, zum Beispiel in ein Gespräch, dann war er hundertprozentig bei der Sache. Er vergaß völlig, was um ihn herum geschah (das ist nur eine der Eigenschaften, die ich von ihm geerbt habe). Während sich also mein Vater mit dem Besucher unterhielt, merkte ich, dass ich zur Toilette musste: Meine Blase drückte. Eigentlich hatte sie das schon vor zwanzig Minuten getan, aber da war ich gerade mit meinen Brüdern am Spielen gewesen und hatte keine Zeit fürs Klo gehabt. Jetzt war ich auf dem Arm meines Vaters und genoss diesen Moment in seiner unmittelbaren Nähe. Ich liebte den herben Geruch nach Acker, Heu und Tieren, der aus seinen Kleidern strömte.

Schließlich drohte meine Blase zu platzen. Ich geriet in Panik und bat meinen Vater, mich herunterzulassen. Er sah mich kurz an, schien mich aber nicht zu verstehen und sprach weiter mit unserem Besucher. Die beiden hatten offenbar ein überaus spannendes Thema zu besprechen, denn auch nach meiner zweiten und dritten Bitte ließ mein Vater mich nicht herunter. Ich begann zu strampeln, doch da war es schon passiert. Meine Blase war übergelaufen. Meine Hose war nass und das Hemd meines Vater auch.

Nun erwachte mein Vater endlich und ließ mich erschrocken herunter. Ich kann mich nicht daran erinnern, wie er reagierte. Ich weiß nur noch, wie ich mich fühlte. Ich war tief beschämt. Ich hatte vor den Augen zweier Erwachsener in die Hosen gemacht. Das war mir unendlich peinlich.

Ich vermute, dass dieses Erlebnis eine prägende Erfahrung war, aus der ich den Schluss zog, dass mein Vater mich in entscheidenden Momenten nicht wahrnahm. Er war zwar da, erkannte aber meine Bedürfnisse nicht. Und das habe ich offenbar auf Gott übertragen: Auch er ist offensichtlich ausgerechnet dann nicht für mich da, wenn ich seine Aufmerksamkeit besonders nötig brauche.

Ich kann meinem Vater keinen Vorwurf machen. Ich hätte ja schon lange vorher aufs Klo gehen können. Außerdem weiß ich heute, wie oft ich selbst gegenüber meiner eigenen Familie anwesend und doch abwesend sein kann, wenn ich etwa in ein Gespräch oder ein Buch vertieft bin. In tausend anderen Situationen erlebte ich meinen Vater als liebevoll, geduldig, unterstützend und mir zugewandt. Nur damals nicht, im Flur unsres Hauses, als ich dringend musste. Und so scheint sich ausgerechnet diese Erfahrung in meiner kleinen Seele festgesetzt zu haben.

Den geschwächten Muskel stärken

Wenn an unserem Körper bestimmte Muskeln unterentwickelt sind, können wir dieses Manko relativ leicht beheben: Mit den richtigen Übungen stellen wir schon nach wenigen Wochen fest, wie der betroffene Muskel wächst und fester wird. Bei unserem Vertrauensmuskel ist es ähnlich und doch nicht dasselbe. Ähnlich ist, dass unsere Fähigkeit zu vertrauen auch trainiert werden kann. Sie kann nachträglich ausgebildet und gestärkt werden. Allerdings geht es selten so schnell wie bei unseren Körpermuskeln. Während diese schon nach kurzer Zeit wahrnehmbar wachsen, braucht es bei unserem Vertrauensmuskel in der Regel einen längeren Genesungs- und Übungsweg, bis wir feststellen können, dass unser Vertrauen Gott und anderen gegenüber zunimmt. Das hat damit zu tun, dass wichtige Erneuerungsprozesse in unserer Seele normalerweise länger dauern als das Trainieren von Bizepsen. Dafür ist die Veränderung unseres inneren Lebens dann auch tiefgreifender und nachhaltiger.

Wie wird unser Vertrauensmuskel gestärkt? Zunächst ist es wichtig zu wissen, dass Sie sich Vertrauen nicht einreden können. Sie können es sich auch nicht selbst wie mit einer Tablette verabreichen. Es muss Ihnen geschenkt werden. Von Gott selbst. Dennoch gibt es dabei ein paar Dinge, auf die Sie Einfluss nehmen können. Gott liebt es, uns miteinzubeziehen, wenn er an uns wirkt.

Lassen Sie für sich beten

In Jakobus 5,14-15 heißt es:

> *Wer von euch krank ist, soll die Ältesten der Gemeinde rufen, damit sie für ihn beten und ihn im Namen des Herrn mit Öl salben. Ihr vertrauensvolles Gebet wird den Kranken retten (GNB).*

Dieses Angebot gilt nicht nur, wenn wir an einer körperlichen Krankheit leiden. Es gilt auch im Blick auf unsichtbare Wunden. Im Blick auf Schwachheiten, Schmerzen und kranke Stellen in unserer Seele. Ein erschüttertes oder verkümmertes Vertrauens-vermögen gehört dazu. Bitten Sie deshalb die Ältesten in Ihrer Kirche darum, mit Ihnen zu beten. Bitten Sie um ein Heilungs-gebet für Ihr angeschlagenes Vertrauen. Lassen Sie sich dabei, wie in der Bibel beschrieben, mit Öl salben. Das kann so aus-sehen, dass die Leiter Ihrer Gemeinde mit etwas Öl ein Kreu-zeszeichen auf Ihre Stirn oder in Ihre geöffneten Handflächen zeichnen. Es ist ein hilfreiches Symbol für Gottes Bereitschaft, in Ihrer Seele die Fähigkeit zu vertrauen wiederherzustellen.

Lassen Sie sich darüber hinaus von jemandem begleiten, mit dem Sie die beschwerlichen Erfahrungen aus Ihrer Kindheit be-sprechen und aufarbeiten können. Bitten Sie diese Person, im-mer wieder für die Festigung Ihres Vertrauensmuskels zu beten. Bleiben Sie also nicht alleine! Nutzen Sie diese Ihnen von Gott zur Verfügung gestellten Mittel und Wege, wie Ihnen geholfen werden kann.

Halten Sie Ihrem Misstrauen Gottes Sichtweise entgegen

Es ist selten so, dass jemand Gott in keinerlei Hinsicht vertrau-en kann. Meist sind es bestimmte Umstände und Situationen, in denen uns das Vertrauen schwerfällt. Versuchen Sie, diese Situ-ationen möglichst treffend zu umschreiben. Geben Sie Ihrem Misstrauen einen Namen und machen Sie sich bewusst, in wel-chen Umständen es sich bei Ihnen auf welche Weise ausdrückt.

Formulieren Sie zum Beispiel: »Ich misstraue Gott bezüglich der Fähigkeiten, die er mir gegeben hat. Mein Eindruck ist, dass er mir keine besonderen Stärken gegeben hat und ich deshalb für ihn unbrauchbar bin.« Wenn Sie einmal in Worte gefasst ha-ben, was Sie da eigentlich glauben und für wahr halten, dann können Sie dieser irrigen Überzeugung die ganz andere Sicht-weise Gottes entgegenhalten. Sie finden sie in der Bibel, die Got-tes Wort an uns ist und uns mitteilt, wie Gott uns sieht. Im Blick auf die genannte Situation finden Sie Gottes Sichtweise etwa in diesem schlichten Satz aus 1. Petrus 4,10:

Dient einander mit den Fähigkeiten, die Gott euch geschenkt hat – jeder und jede mit der eigenen, besonderen Gabe! (GNB).

Dieses Bibelwort ist Gottes Entgegnung auf Ihre irrige Überzeugung. Er sagt Ihnen, dass Ihre Wahrnehmung und Ihre Gefühle nicht stimmen. Gott hat jedem Menschen mindestens eine Fähigkeit gegeben, die außerordentlich ist. Sie ist wertvoll und Gott will durch diese Stärke etwas bewirken, das ihn ehrt und anderen Menschen dient. Jedes Mal, wenn Sie wieder in dieses Misstrauen abrutschen, dass Sie unbrauchbar und unbegabt sind, können Sie Ihre Seele daran erinnern, dass Ihre Schlussfolgerung nicht richtig ist. Füttern Sie sie mit der Wahrheit und sagen Sie dieses Bibelwort laut vor sich hin. Und fügen Sie hinzu: »Ich will lernen, der Wahrheit Gottes über mich mehr zu vertrauen als meinem Gefühl, das dieser Wahrheit widerspricht.«

Entdecken Sie hinter verlässlichen Menschen Gott selbst

Vor mir sitzt Sebastian. Die Verzweiflung ist ihm ins Gesicht geschrieben. In seiner Firma steht eine umfassende Umstrukturierung an. Ein Viertel der gesamten Belegschaft soll entlassen werden. Noch ist offen, wen genau es trifft. Seit Sebastian davon weiß, kann er nicht mehr schlafen. Er hat Panik, weil er zu wissen glaubt, dass er unter den Entlassenen sein wird. Doch das ist nicht das Einzige, was ihm zu schaffen macht. Er, schon seit Jahren überzeugter Christ, kann in dieser Situation einfach nicht vertrauen. Weder, dass Gott ihm helfen wird, seine Stelle zu behalten, noch, dass er ihn versorgen kann, wenn er sie verliert.

Wir finden bald heraus, wo die Wurzel liegt. Erraten Sie es? Ja, in seiner Kindheit, und in gewissen Umständen seiner damaligen Familie, die mit Arbeit und Beruf zu tun hatten. Sebastian kann in vielen anderen Bereichen Gott von Herzen vertrauen. Nicht aber, wenn es um seine eigene berufliche Zukunft geht. Verzweifelt bittet er mich als seinen Pastor um Hilfe.

Während ich mit Sebastian spreche, meine ich ein leises Flüstern Gottes zu vernehmen. Es ist ein Wink; eine Inspiration, was ich Sebastian raten könnte. Ich frage ihn: »Kennst du zwei Personen in deinem Umfeld, denen du absolut vertrauen kannst?«

Sebastian überlegt nicht lange: »Meiner Frau und Peter, meinem besten Freund. Und auch Claudio, einem anderen Freund.«

Ich bin erleichtert. »Glaubst du, dass diese Personen bereit wären, in besonderer Weise für deine Situation zu beten?«, frage ich weiter.

Sebastian nickt: »Auf jeden Fall. Ich kann mich hundertprozentig auf sie verlassen!«

Ich fahre fort: »Dann empfehle ich dir Folgendes: Bitte sie, in den kommenden Tagen regelmäßig mit dir zusammen zu beten. Versuche nicht länger, in dieser Situation selbst zu vertrauen. Bitte sie, es stellvertretend für dich zu tun; so wie die paar Freunde eines Gelähmten in Markus 2, die ihn zu Jesus tragen und sogar ein Dach für ihn durchbrechen, weil er nicht selber zu ihm gehen kann. Erlaube dir, dieser Gelähmte zu sein, der sich tragen lässt. Und noch etwas, und das ist das Wichtigste von allem: Während deine Frau, Peter und Claudio für dich glauben, beten und vertrauen, halte dir Folgendes vor Augen: So wie ich mich in dieser schwierigen Situation ihrer Hilfe und Fürsorge anvertrauen kann, so kann ich mich auch Gott anvertrauen! Entdecke hinter der Treue und Verlässlichkeit dieser drei Personen die Treue und Verlässlichkeit Gottes. Er zeigt sie dir durch diese drei Menschen und will dir bewusst machen, dass er selbst so ist. Er ist es sogar noch weit mehr, als deine Freunde es je sein können.«

Dieser Rat kam nicht von mir, er kam von Gott. Ich war nur der Überbringer. Es war die entscheidende Hilfe für Sebastian. Für ihn entstand daraus eine Lektion fürs Leben, die auch Ihnen helfen kann, wenn Sie mit Vertrauen Mühe haben: Vertrauen Sie sich verlässlichen Menschen an, von denen Sie wissen, dass sie Sie nicht im Stich lassen werden. Erkennen Sie in deren Fürsorge, wie Gott selbst sich um Sie kümmert. Das kann Ihren Vertrauensmuskel stärken helfen.

Verinnerlichen Sie heilsame biblische Bilder
und Geschichten zum Thema Vertrauen

In der Bibel gibt es eine ganze Reihe von Geschichten, in denen Menschen darum ringen, vertrauen zu können. Solche Berichte sind eine Einladung, sich in diese Personen hineinzuversetzen und an ihrer Seite zu erleben, wie Gott um ihr (und damit auch um Ihr) Vertrauen wirbt. Lesen Sie diese Geschichten und stellen Sie sich dabei vor, *Sie selbst* wären die hier beschriebenen Personen. Begegnen Sie auf diese Weise Jesus, der Ihr Vertrauen herausfordert und zugleich stärkt.

• Markus 4,35-41 – Die Stillung des Sturmes: Lesen Sie diese Geschichte und steigen Sie in Gedanken mit Jesus und den Jüngern ins Boot. Erleben Sie den Sturm und die Panik der Jünger. Halten Sie sich dabei die Situationen aus Ihrem Leben vor Augen, in denen Sie sich genauso fürchten, obwohl Jesus in Ihrer Nähe ist. Hören Sie, wie er den Jüngern zuspricht, wie er ihnen Mut macht und den Sturm stillt.[11] Und dann sprechen Sie Jesus Ihr Vertrauen aus, dass er im Blick auf Ihre Situation dasselbe tun wird.

• Markus 6,35-44 – Die Speisung der Fünftausend: Begeben Sie sich innerlich zu dieser großen Menschenansammlung um Jesus. Versetzen Sie sich in die Hilflosigkeit der Jünger, als Jesus sie auffordert, die Menschen mit Essen zu versorgen. Schauen Sie gut hin, wie er das Brot und die Fische nimmt und auf

---

11 In Vers 40 fragt Jesus die Jünger: »Was seid ihr so furchtsam? Habt ihr noch keinen Glauben?« Manche Leser hören hinter diesen Worten Tadel. Demgegenüber bin ich der Ansicht, dass Jesus hier seinen Jüngern keinen Vorwurf macht, sondern einfach um ihr Vertrauen wirbt. Sie stehen noch am Anfang ihres Weges mit ihm und lernen ihn gerade als vertrauenswürdigen Herrn kennen. Erst später, wenn sie aufgrund ihrer Erfahrungen eigentlich verstanden haben sollten, wie vertrauenswürdig Jesus ist (z.B. in Markus 8,17-21), tadelt Jesus sie: »Begreift ihr noch nicht und versteht ihr nicht? Ist euer Herz verstockt? « – »Erinnert ihr euch nicht?« – »Versteht ihr noch immer nicht?« (V. 17.19.21).

unerklärliche Weise vermehrt. Erleben Sie mit, wie die Jünger mit weit aufgerissenen Augen staunen und wie diese Fürsorge von Jesus Christus sie beflügelt. Lassen Sie sich davon anstecken! Drücken Sie Jesus Ihr Vertrauen aus, dass er auch heute und bei Ihnen Dinge tun kann, die Sie zum Staunen bringen.

- Markus 5,22-24.35-43 – Die Auferweckung der Tochter des Jairus: Versetzen Sie sich in die Situation des Synagogenvorstehers Jairus. Sehen Sie in seinem Gesicht diese Mischung aus Hoffnung und Verzweiflung, als er bittend vor Jesus steht? Ist es nicht genau das, was Sie selbst manchmal empfinden, wenn Ihnen das Leben zu entgleiten droht? Und kennen Sie den Schrecken, der Jairus erfasst, als er hört, dass seine Tochter gestorben ist? Hören Sie inmitten dieses Schocks auf die Worte von Jesus: *»Fürchte dich nicht, glaube nur!«* Wo wirbt Jesus inmitten einer ausweglos erscheinenden Situation genauso eindringlich um *Ihr* Vertrauen?

- Markus 9,24 – Die Heilung eines besessenen Knaben: Machen Sie sich das Gebet dieses Vaters zu eigen, der eigentlich vertrauen möchte, dass Jesus seinem Sohn helfen kann, und es doch nicht schafft: *»Ich glaube! Hilf meinem Unglauben!«* Ist das nicht dieselbe Zerrissenheit, die Sie manchmal auch kennen? Sie dürfen zu Gott kommen wie dieser Vater! Sie dürfen damit rechnen, dass Ihre Verunsicherung ihn nicht daran hindern wird, Sie zu beschenken – so, wie er diesen zwischen Vertrauen und Misstrauen schwankenden Vater beschenkt hat.

Das meditierende Eintauchen in solche Bilder und Geschichten formt unser Herz. Es ist ein wirksames Fitnesstraining für den Vertrauensmuskel. Trainieren Sie ihn möglichst oft, indem Sie solche Geschichten wiederholt lesen, innerlich miterleben und betend auf Ihre eigene Situation anwenden.

Im ersten Teil von *Voll vertrauen* wollte ich aufzeigen, dass kaum ein Bereich unserer christlichen Nachfolge so umkämpft ist wie unser Vertrauen in Gott. Beinahe jeder Tag unseres Lebens beschert uns Situationen, die uns im Blick auf Gott vor die Wahl stellen zwischen Vertrauen und Misstrauen.

Es ist immer wieder viel leichter, unseren Glauben auf das bloße »Fürwahrhalten« von religiösen Inhalten zu reduzieren, als ihn als Einladung zu verstehen, Gott im Alltag konkret zu vertrauen.

Gerade in Momenten, in denen uns alles dunkel erscheint und wir Leid erleben, entbrennt um unser Herz ein besonders erbitterter Kampf. Innere und fremde Stimmen hämmern uns unaufhörlich ein, Gott sei nicht vertrauenswürdig. Nur ein neues Verständnis, wer Gott wirklich ist, hilft uns dann, wieder Fuß zu fassen.

Schließlich haben wir gesehen, wie sehr bestimmte Erfahrungen aus unserer Kindheit die Entwicklung unseres Vertrauensmuskels beeinflussen. Die dort gemachten negativen Erfahrungen brauchen uns aber nicht lebenslang zu lähmen. Gott kann angeschlagenes Vertrauen heilen und den Vertrauensmuskel stärken.

Im zweiten Teil dieses Buches lade ich Sie nun zu einer kleinen Schule des Vertrauens ein. Erkunden Sie mit mir die vielen Bilder und Aussagen der Bibel zum Thema »Vertrauen«: Was genau meint die Bibel, wenn sie davon spricht? Welches Denken, welche Haltung und welches Verhalten prägen einen vertrauenden Menschen? Wie sieht er Gott, sich selbst und seine Umstände? Was tut er; was tut er nicht? Wie wächst ein Mensch im Vertrauen? Was hilft ihm dabei?

Sie werden staunen, wie viel wir dazu in der Bibel finden und welchen Reichtum wir entdecken können. Kein Wunder: Vertrauen ist schließlich das Wichtigste, um das es in unserem Glauben geht! Ständig und unaufhörlich wirbt Gott darum, dass wir ihm vertrauen! Dieser zweite Teil möchte Sie deshalb in Ihrem täglichen Vertrauenstraining ermutigen und unterstützen.

Folgen Sie mir ins Land des Vertrauens!

Teil 2

IM LAND DES VERTRAUENS

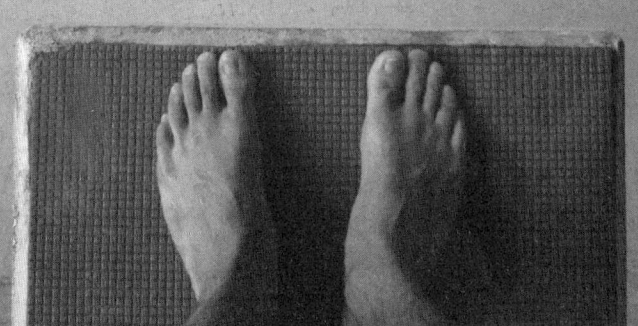

Mehr als Worte:
wie die Bibel vom Glauben spricht

Wenn man den Worten, Umschreibungen, Wendungen und Bildern nachgeht, mit denen die Bibel die Essenz des Glaubens beschreibt, dann findet man einen bunten Blumenstrauß. Dass wir das Wort »Glaube« bzw. »glauben« am besten mit »Vertrauen« bzw. »vertrauen« widergeben, haben wir ausführlich besprochen. Aber das ist noch lange nicht alles, was es darüber zu sagen gibt. Nein, dieses Thema umfasst eine große Fülle von verschiedenen Aspekten und Sichtweisen. Je mehr ich mich damit auseinandersetze, umso begeisterter bin ich: Ich staune darüber, wie reich, komplex und vielfältig unser Glaube ist. Ein bunter Blumenstrauß eben. Ein faszinierendes Gemälde. Alle Aspekte zusammen ergeben ein wunderschönes Ganzes. Ein Mosaik, das im Zusammenspiel verschiedener Steinchen eine packende Geschichte erzählt – die Geschichte von Gottes leidenschaftlichem Werben um uns Menschen.

In diesem Kapitel betrachten wir drei grundlegende Motive dieser Geschichte. Sie zu kennen, macht uns deutlich, was im Zentrum unseres christlichen Glaubens steht. Es geht erstens um die Entdeckung, dass die Bibel den Glauben nicht als eine bestimmte Einstellung zu einer Sache versteht, sondern als Beziehungsverhältnis gegenüber einer Person. Wir sehen zweitens, dass es dort, wo die Bibel das Wort »glauben« verwendet, eine ganze Palette von verschiedenen Möglichkeiten gibt, es zu übersetzen. Und wir werden drittens sehen, dass das Bild, das uns am besten veranschaulicht, worum es beim Glauben geht, das Bild vom Getragenwerden ist.

Nicht etwas, sondern jemandem glauben

Glauben Sie daran, dass Fallschirme in mehr als 99,95 Prozent aller Fälle einwandfrei funktionieren und die mit ihnen ausgerüsteten, aus einem Flugzeug springenden Menschen wohlbehalten auf den Boden zurückbringen? Sie haben allen Grund dazu, denn das sagen deutsche Statistiken, welche aufgrund von sorgfältig geführten Jahresberichten zu diesem Schluss kommen.[12]

Würden Sie es selber nun aufgrund dieser ermutigenden Ausgangslage wagen, nächste Woche mit einem TÜV-geprüften Fallschirm aus einem Flugzeug zu springen? Ich vermute, dass die Mehrheit meiner Leser von diesem Gedanken nicht begeistert ist. Weshalb? Wohl weil es nicht dasselbe ist, einer gesicherten Information über eine Sache zu glauben und dieser Sache selbst zu trauen. Vernünftige, informierte Menschen glauben an 99,95 Prozent solider Fallschirme, aber die meisten von ihnen fürchten sich, tatsächlich mit einem zu springen. Es könnte ja sein, dass ausgerechnet *dieser* nicht hält! (Wer so denkt, sollte allerdings in kein Flugzeug steigen. Und auch in keinen Zug. In ein Auto schon gar nicht!)

Wir haben im ersten Teil dieses Buches darüber gesprochen, dass es in der Geschichte des christlichen Glaubens die Tendenz gab, Glaube als das »Fürwahrhalten« der christlichen Lehre zu verstehen. Wir sahen, dass demgegenüber die Bibel das persönliche Vertrauen ins Zentrum stellt. Wir wollen diesen Gedanken hier weiterführen und ergänzen: Es geht der Bibel beim Glauben und Vertrauen nicht primär um eine Sache, sondern um eine Person. Es geht um Gott bzw. Jesus Christus, in dem sich uns Gott auf besondere Weise zeigt.

> Es geht der Bibel beim Glauben und Vertrauen nicht primär um eine Sache, sondern um eine Person. Es geht um Gott bzw. Jesus Christus, in dem sich uns Gott auf besondere Weise zeigt.

Es geht der Bibel auch nicht darum, *an* eine Person zu glauben, sondern *dieser* Person zu glauben. Merken Sie den Unter-

---

12 Siehe unter http://de.wikipedia.org/wiki/Fallschirmspringen

schied? Es ist nicht dasselbe, wenn Sie sagen: »Ich glaube *an* Gott«, als wenn Sie sagen: »Ich glaube *Gott*.« Es ist nicht einmal ganz dasselbe, wenn Sie sagen: »Ich vertraue *auf* Jesus«, als wenn Sie sagen: »Ich vertraue *Jesus*.«

In seinem Buch *Glaube hat Gründe* schreibt der deutsche Pfarrer Klaus Douglass ganz ähnlich:

> *»Glauben ist für biblisches Denken nicht ›Fürwahrhalten‹, sondern Vertrauen. Deutlicher als bei unserem herkömmlichen Sprachgebrauch würde dieser Sachverhalt, wenn wir bei Sätzen, die wir mit ›Ich glaube‹ anfangen, das kleine Wörtchen ›an‹ wegließen. Also nicht: Ich glaube an Gott, sondern: Ich glaube Gott. Nicht: Ich glaube an Jesus, sondern: Ich glaube Jesus. ... Ich glaube ihm, was er mir über die Liebe Gottes erzählt, und ich richte mein Leben darauf ein. Ich glaube ihm, dass er mit der Schuld meines Lebens fertig wird und mir einen neuen Anfang gewährt. Ich glaube ihm, dass er mein Leben lohnend machen kann und dass er mich auch im Scheitern und Sterben zu tragen vermag. Ich glaube ihm und darum binde ich mich an ihn ... ›Jesus, ich vertraue dir‹ heißt immer auch: ›Ich vertraue dir mein Leben an.‹ Glaube in diesem Sinne ist immer radikal, er rührt an die Wurzel meiner Existenz.«*[13]

Es erscheint ein beinahe banaler Unterschied zu sein: Nur ein Wort wird weggelassen – Ich glaube *an* Jesus oder ich glaube *Jesus*. Aber das verändert alles: Glaubende vertrauen Jesus. Inmitten ihrer Lebensumstände. Angesichts ihrer Sorgen. Im Strudel von Wünschen, Sehnsüchten und sogar von Leid: Sie vertrauen Jesus. Inmitten von Glück und Segen, von Entbehrung und Erschöpfung: Sie vertrauen Jesus.

Wie entscheidend und verändernd diese Sichtweise ist, wird uns am ehesten bewusst, wenn wir sie konkret auf unsere Lebenssituation anwenden. Halten Sie einen kurzen Moment inne

---

13 Klaus Douglass: *Glaube hat Gründe: Wie ich eine lebendige Beziehung zu Gott finde*. Freiburg: Kreuz Verlag, 1994, Seiten 170f.

und fassen Sie in Gedanken oder Worten Ihre momentanen Lebensumstände zusammen:

- Was macht Ihnen gerade große Freude?
- Wo fühlen Sie sich beschenkt, gesegnet, ermutigt?
- Mit welchen Schwierigkeiten sind Sie gerade konfrontiert?
- Welche Beziehungen erleben Sie als schwierig und belastend?
- Was macht Ihnen zurzeit am meisten Sorgen?
- Welche Umstände würden Sie sofort ändern, wenn Sie könnten?
- Von welchen Gefühlen wird Ihre momentane Stimmung geprägt?

Nehmen Sie nun die Bestandsaufnahme Ihrer Situation und ergänzen Sie sie wie folgt (natürlich auf Ihre persönlichen Antworten angepasst):

- »Inmitten meiner Freude über die Situation XY vertraue ich Jesus Christus.«
- »Im Blick auf die mühsame Beziehung mit A.B. vertraue ich Jesus Christus.«
- »Inmitten meiner Sorgen um … vertraue ich Gott!«
- »Trotz der gerade sehr schwierigen Umstände bezüglich ... vertraue ich Gott.«
- Usw.

Wenn Sie das tun, merken Sie, wie konkret, handfest und alltagsbezogen unser Glaube ist. Es bedeutet, inmitten meiner jetzigen Lebensumstände zu vertrauen. Nicht auf irgendetwas, nicht irgendjemandem, sondern meinem Gott. Nur in diesem tatsächlichen Vertrauen findet unser unruhiges Herz die Ruhe, die es braucht.

Im dritten Teil dieses Buches werden wir diesen Faden noch einmal aufnehmen und sehen, *worauf* wir konkret vertrauen können und sollen. Zunächst aber eine zweite wichtige Entdeckung über das Wesen des Glaubens:

»Glauben« – eine Fülle von Bedeutungsmöglichkeiten

Ich liebe es, Jongleuren zuzuschauen. Ich bin fasziniert, wenn sie einen Ball oder einen Teller nach dem anderen nehmen, durch die Luft wirbeln und sicher wieder auffangen. Ich traue meinen Augen nicht, wenn es nicht nur fünf, sondern sieben oder acht Bälle sind und sie dennoch alle in der Luft bleiben. Dann weiß ich: Ich habe einen echten Künstler vor mir!

Wenn es um die Frage geht, was die Bibel unter »Glauben« versteht, dann stehen wir vor demselben Phänomen. Die Bibel kommt mir vor wie ein Jongleur: Inmitten der faszinierenden Geschichte Gottes mit uns Menschen wirft sie eine Fülle von verschiedenen Wörtern mit verschiedenen Nuancen in die Luft, die alle einen wichtigen Aspekt des Glaubens beschreiben. Sie alle gehen zwar auf denselben Wortstamm (»aman« oder »batach«) zurück, je nach Zusammenhang und Wortform ergibt sich aber ein eigenständiger Sinn. Auf den vielen Hundert Seiten unserer Bibel werden diese verschiedenen Varianten davon, was Glaube bedeutet, immer wieder eingestreut; plötzlich tauchen sie mitten im Text auf und zeigen uns eine ganz bestimmte Seite dieser unvergleichlichen Beziehung, die wir mit Gott haben können. Es ist nicht nur ein Wort; es sind nicht nur zwei fixe Wörter, die unseren Glauben beschreiben – es sind mehrere, die zusammengenommen ein beeindruckendes Gesamtbild ergeben.

Sichtbar wird das zum Beispiel in der englischen *Amplified Bible*[14]. Der größte Teil unseres Alten Testaments wurde zuerst auf Hebräisch niedergeschrieben. Das Neue Testament hingegen lag zuerst in altgriechischer Sprache vor. Die Herausgeber der *Amplified Bible* waren sich bewusst, dass viele der in der Bibel verwendeten Wörter mehr als nur eine einzige Bedeutung haben, da sich z.B. griechische Wörter des Neuen Testaments auf hebräische oder auch aramäische Entsprechungen beziehen, die jeweils noch andere Nuancen hervorheben. Es gibt daher mehrere Möglichkeiten, sie zu übersetzen – manchmal bis zu vier oder fünf.

---

14 *The Amplified Bible.* Grand Rapids, Michigan: Zondervan, 1987.

Welches Wort soll der Übersetzer nun nehmen, wenn er es aus der Ursprache ins Englische, ins Deutsche oder in irgendeine andere Sprache übersetzen will? Er steht vor einem Dilemma, denn er muss sich in der Regel für eine einzige Variante entscheiden. Die *Amplified Bible* will den Leser überall dort, wo ein Wort der Ursprache mehrere Übersetzungsmöglichkeiten zulässt, auf diese Varianten hinweisen. Dadurch bekommt ein Leser, der weder Hebräisch noch Griechisch gelernt hat, ein besseres Verständnis dafür, was die Bibel ihm an dieser bestimmten Stelle sagen möchte.

Das Verb »glauben« (vom hebräischen Wortstamm »aman«) gehört zu diesen Wörtern, genauso das entsprechende Substantiv »Glaube«. Neben diesem weit verbreiteten Wort gibt es im Hebräischen noch einen zweiten Wortstamm, ein sogenanntes Synonym, das insbesondere den Vertrauenscharakter unseres Glaubens hervorhebt. Er heißt »batach« und kann wie »aman« verschieden übersetzt werden. Die *Amplified Bible* vermerkt dies jeweils direkt dort, wo das Wort im Text vorkommt. In einer Klammer weist sie auf die verschiedenen Alternativen hin. Lassen Sie mich das an einem konkreten Beispiel illustrieren.

In Sprüche 3,5 heißt es in meiner Zürcher Bibel:

Vertraue auf den Herrn mit deinem ganzen Herzen.

Die Übersetzer der Zürcher Bibel haben sich an dieser Stelle mit gutem Grund für das Wort »vertrauen« entschieden, um den hebräischen Begriff »batach« zu übersetzen. Es wäre eine ungenaue Abschwächung gewesen, hätte man etwa so übersetzt:

Glaube an den Herrn mit deinem ganzen Herzen.

Man kann das hier verwendete hebräische Wort »batach« aber noch ganz anders als mit dem Wort »vertrauen« übersetzen. Zum Beispiel so:

Klammere dich an den Herrn mit deinem ganzen Herzen.

Das hebräische Wort beinhaltet nämlich unter anderem die Bedeutung von »kleben« und »sich an etwas klammern«. Ein kleines Kind etwa klammert sich an den Rock seiner Mutter, wenn ein großer Hund kommt, vor dem es sich fürchtet. Man klammert sich an jemanden, bei dem man Schutz, Gelingen, Rettung, Hilfe sucht. Hier in Sprüche 3 werden wir eingeladen, uns an Gott zu klammern, an ihm zu kleben, ihn niemals loszulassen. Wenn wir das tun, gibt es für uns nichts zu fürchten.

Es gibt aber noch eine andere Möglichkeit, Sprüche 3,5 zu übersetzen:

***Hänge** dich an den Herrn mit deinem ganzen Herzen.*

Das erinnert mich als Schweizer an Bergsteiger, die sich an überhängenden Felspartien in ihre Sicherheitsseile hängen – voller Vertrauen darauf, dass sie wirklich halten. Wie der Kletterer sich vertrauensvoll in sein Seil hängt, so können wir uns an Gott hängen. Er verspricht, uns zu tragen.

Eine weitere Übersetzungsmöglichkeit lautet so:

***Verlass** dich auf den Herrn mit deinem ganzen Herzen.*

Diese Variante, die wir übrigens in der Lutherbibel finden, ist ebenfalls aussagekräftig. Ich kann mich auf jemanden verlassen, der hält, was er verspricht. Von dem ich weiß, dass er mir zugewandt ist und sich um mich kümmert. Wenn ich mich auf Gott verlasse, bedeutet das: Ich rechne fest damit, dass er mich mit allem versorgt, was ich brauche. Die *Amplified Bible* bringt hier auch das Wort »sich abstützen/anlehnen« (»lean on«) ins Spiel.

In der Bibelübersetzung von Martin Buber und Franz Rosenzweig[15] findet sich noch ein anderer Vorschlag:

---

15 *Die Schrift. Verdeutscht von Martin Buber gemeinsam mit Franz Rosenzweig.* Band 4: »Die Schriftwerke«. Stuttgart: Lizenzausgabe der Deutschen Bibelgesellschaft, 1992.

*An ihm **sichere** dich mit all deinem Herzen.*

Noch einmal sehe ich bei dieser Übersetzungsmöglichkeit den Bergsteiger mit seinem Sicherheitsseil vor mir. Oder ich denke an ein Sicherheitsschloss, mit dem ein Raum oder ein Haus vor Einbrechern gesichert werden kann. Wer sich bei Gott in Sicherheit bringt, der ist wirklich gesichert. Es kann ihm nichts geschehen, worüber Gott nicht die Kontrolle hat.

Nun haben wir sechs verschiedene Varianten vor uns, wie eine vertrauensvolle Beziehung zu Gott aussehen könnte. Sie alle stecken in diesem kleinen, unscheinbaren hebräischen Wortstamm »batach«. Und das ist nur eines der beiden Worte, welche die Bibel im Blick auf unsere vertrauensvolle Gottesbeziehung verwendet.[16] Faszinierend, finden Sie nicht auch?

Doch das ist noch nicht alles. Die schönste Umschreibung des Glaubens in der Bibel habe ich Ihnen noch nicht verraten …

Von dem, der uns wie eine Mutter mit sich trägt

In seinem *Handbuch der biblischen Glaubenslehre* weist der deutsche Theologe Karl Baral auf einen besonders schönen Bedeutungsgehalt des hebräischen Wortstamms »aman« hin, aus dem das Wort »emuna« (glauben) abgeleitet ist. »aman«, so Baral, meint eigentlich:

»… das Tragen eines Kindes in der Ausbiegung des Gewan-

---

16 Für alle, die gerne weitergrübeln und theologische Fachliteratur nicht scheuen, empfehle ich zur Vertiefung: E. Gerstenbergers Artikel »vertrauen« in: Ernst Jenni und Claus Westermann: *Theologisches Handwörterbuch zum Alten Testament.* Band 1. Gütersloh: Gütersloher Verlagshaus, 5. Auflage, 1994, Seiten 300ff.; sowie: H. Wildbergers Artikel »fest, sicher« in: Ebd. Seiten 177ff. Siehe auch: William D. Mounce (Hrsg.): *Mounces Complete Dictionary of Old & New Testament Words.* Grand Rapids, Michigan: Zondervan, Seiten 60ff. und Seiten 746ff.

des an der Brust oder an der Wölbung der Hüfte. Das von diesem Stamm abgeleitete ›omänät‹ bezeichnet die Frau, die ein Kind trägt.«[17]

Eine solche Beziehung wünscht sich Gott zu denen, die zu ihm gehören: Wie eine Mutter trägt er uns bei sich, nah an seinem Herzen. Ihm vertrauen bedeutet, dass ich wie ein kleines Kind werde, das sich tragen lässt, und so dem, der mich trägt, unmittelbar nahe bin. Ich lasse mich tragen im gelassenen Wissen des Kindes, das sich bewusst ist: Ich kann nichts ohne meine Mutter (bzw. meinen Gott) tun und ich brauche auch nichts ohne sie (bzw. ihn) zu tun. Baral weist in diesem Zusammenhang auf den Satz im Neuen Testament hin, in dem Jesus sagt:

Wenn ihr nicht umkehrt und werdet wie die Kinder, werdet ihr nicht ins Himmelreich hineinkommen (Matthäus 18,3).

Es gibt für mich keine schönere Umschreibung davon, was Glauben im Tiefsten bedeutet, als diese: Ich werde von meinem Gott getragen. Er zieht mich an sein Herz. Ich darf sein, wo er ist. Er nimmt mich mit. Er schenkt mir seine Nähe, Berührung, Zärtlichkeit. Wenn ich es nötig habe, versorgt er mich wie die Mutter ihr Kind an ihrer Brust. Es gibt keinen Ort größerer Geborgenheit als in den starken Armen dieses Gottes. Ein Glaubender ist ein Getragener.

Ich lade Sie ein, einen Moment innezuhalten. Stellen Sie sich vor, dass Sie wie ein Kind in Gottes Gewand an seine Brust gebunden sind. Fest und nahe an sein Herz gedrückt. Überlegen Sie, was das im Blick auf Ihre Sorgen, Ihre Fragen, Nöte und Unsicherheiten bedeutet, die momentan Teil Ihres Lebens sind.

---

17 Karl Baral: *Handbuch der biblischen Glaubenslehre: Grundlagen für Vertrauen und Leben.* Neuhausen: SCM Hänssler Verlag, 2. Auflage, 2001, Seiten 260ff.

Stellen Sie sich vor, dass Gott um das alles weiß und Sie nun hindurchträgt. Sicher, kraftvoll, Zuversicht und Trost vermittelnd. Können Sie sich das vor Augen malen?

Lesen Sie anschließend diesen Vers aus Psalm 131:

Fürwahr, ich habe (bei Gott) *meine Seele*
besänftigt und beruhigt;
wie ein entwöhntes Kind bei seiner Mutter,
wie das entwöhnte Kind ist meine Seele ruhig in mir.

Wenn Sie auch nur einen Hauch von diesem Getragensein und Zur-Ruhe-Kommen spüren, dann haben Sie entdeckt und erfahren, was Glauben heißt.

Riskanter Glaube:
Vertrauen ohne Garantien

Abraham! Von keiner Person der Bibel erfahren wir mehr über ihren Glauben. Für den Apostel Paulus ist Abraham *der* Vater und *das* Vorbild des Glaubens schlechthin. Und das nicht ohne Grund.

Zu einer Zeit, als die Geschichte Gottes mit den Menschen noch jung ist, erreicht den vermutlich wohlhabenden Abram (den Namen Abraham bekommt er erst später), der mittlerweise ein sesshaft gewordener Bewohner der blühenden Handelsmetropole Haran in der heutigen Türkei ist, aus heiterem Himmel Gottes Ruf:

> »Verlass deine Heimat, deine Sippe und die Familie deines Vaters und zieh in das Land, das ich dir zeigen werde! Ich will dich segnen und dich zum Stammvater eines mächtigen Volkes machen. Dein Name soll in aller Welt berühmt sein. An dir soll sichtbar werden, was es bedeutet, wenn ich jemand segne. Alle, die dir und deinen Nachkommen Gutes wünschen, haben auch von mir Gutes zu erwarten. Aber wenn jemand euch Böses wünscht, bringe ich Unglück über ihn. Alle Völker der Erde werden Glück und Segen erlangen, wenn sie dir und deinen Nachkommen wohlgesonnen sind.« Abram folgte dem Befehl des Herrn und brach auf, und Lot ging mit ihm. Abram war 75 Jahre alt, als er seine Heimatstadt Haran verließ (1. Mose 12,1-4; GNB).

Kurze Zeit später belädt Abram die Kamele, instruiert seine Diener, zählt seine Münzen, verabschiedet sich von seinen Freunden und zieht los. Nach einem kurzen Zwischenstopp im von Haran weit über 1000 Kilometer entfernten Sichem, wo Gott noch einmal zu ihm spricht und Abram ihm einen Altar baut, zieht er weiter nach Süden ins Negevgebiet im heutigen Israel (Vers 9).

Verheißungen – Zusagen mit offenem Ausgang

Was nur treibt diesen Mann dazu, Gott so unvernünftig wörtlich zu nehmen (so denken wahrscheinlich die meisten in seinem Umfeld)? Der biblische Autor dieser Geschichte verrät es uns erst drei Kapitel später. Dort, in Genesis 15, lesen wir, wie Gott erneut zu Abram spricht. Er verspricht ihm einen Sohn, durch den ihm ein ganzes Volk von Nachkommen geschenkt werden soll:

> *Und der Herr führte Abram aus dem Zelt und sagte: »Sieh hinauf zu den Sternen am Himmel! Kannst du sie zählen? So unzählbar werden deine Nachkommen sein« (1. Mose 15,5; GNB).*

Und dann kommt der entscheidende Satz, der erklärt, weshalb sich Abram überhaupt auf diesen beschwerlichen Aufbruch in die Fremde eingelassen hat:

> *Abram glaubte der Zusage des Herrn, und der Herr rechnete ihm dies als Beweis der Treue an (Vers 6; GNB).*

Er glaubte Gott. Er schenkt ihm sein Vertrauen! Paulus kommentiert und präzisiert diesen Satz mehrere tausend Jahre später und schreibt:

> *Trotzdem wurde er nicht schwach im Glauben und zweifelte nicht an der Zusage Gottes, vielmehr wurde sein Glaube nur umso fester. Er gab Gott die Ehre und war felsenfest davon überzeugt: Was Gott zusagt, das kann er auch tun. Darum wurde ihm sein Glaube als Gerechtigkeit angerechnet (Römer 4,20-22; GNB).*

Abraham vertraute den Zusagen, also den *Verheißungen* Gottes. Was Gott ihm da versprach (Kinder, Nachkommen, Land etc.) erschien ihm glaubwürdig, weil Gott selbst für ihn glaubwürdig war.

Den Verheißungen Gottes trauen – das ist seit Abraham für die Bibel eine der wichtigsten Ausdrucksformen einer lebendigen

Den Verheißungen Gottes trauen – das ist seit Abraham für die Bibel eine der wichtigsten Ausdrucksformen einer lebendigen Beziehung zu Gott.

Beziehung zu Gott. Es bedeutet, sich auf das zu verlassen, was Gott gesagt hat, und danach zu handeln – selbst wenn man keinen Garantieschein dafür in den Händen hält, dass die Sache am Ende für einen selbst zufriedenstellend ausgeht.

Verheißungen sind also Zusagen Gottes ohne Garantieschein. Der einzige Garant ist Gott, der die Zusage gibt. Deshalb erfordert das Handeln auf Gottes Zusagen hin Vertrauen. Ihnen zu folgen ist ein Wagnis. Ein Risiko. Abraham hat sich diesem Risiko gestellt und ist aufgebrochen. Wenn man seine Geschichte liest, merkt man, dass er allerdings nicht der unbeirrbare Glaubensheld war, für den man ihn gerne hält. Sein Leben ist auch von Zweifeln, von Unglaube und nur allzu menschlichen Egoprojekten durchzogen. Manchmal entschwindet ihm sein Vertrauen wie eine Dampfwolke und er stützt sich unbeholfen auf seine eigenen Ideen (oder die seiner Frau Sara). Das ist tröstlich und zeigt uns, dass letztlich nicht der Glaube eines Menschen wirklich fest und verlässlich sein muss. Fest und verlässlich ist nur derjenige, dem wir vertrauen (und manchmal auch nicht vertrauen): Gott. Doch davon später mehr …

Dennoch: Abraham ist uns in seiner Bereitschaft, aufgrund von Gottes Verheißungen ein Risiko einzugehen, ein großes Vorbild. Unsere Gottesbeziehung wird zu einem richtig spannenden Abenteuer, wenn wir aufgrund dessen, was Gott uns versprochen hat, mutig etwas wagen.

Verheißungen für uns

Die Bibel ist voller Verheißungen, wer Gott für uns ist und was er für uns tun möchte. Lassen Sie mich aus der unendlichen Fülle dieser Versprechen nur drei herausgreifen:

Bittet und ihr werdet bekommen! Sucht und ihr werdet finden! Klopft an und es wird euch geöffnet! Denn wer bittet, der bekommt; wer sucht, der findet; und wer anklopft, dem wird geöffnet.

Wer von euch würde seinem Kind einen Stein geben, wenn es um Brot bittet? Oder eine Schlange, wenn es um Fisch bittet?

So schlecht ihr auch seid, ihr wisst doch, was euren Kindern guttut, und gebt es ihnen. Wie viel mehr wird euer Vater im Himmel denen Gutes geben, die ihn darum bitten (Matthäus 7,7-11; GNB).

Meine Schafe hören auf mich … Ich gebe ihnen das ewige Leben und sie werden niemals umkommen. Niemand kann sie mir aus den Händen reißen, weil niemand sie aus den Händen meines Vaters reißen kann. Er schützt die, die er mir gegeben hat; denn er ist mächtiger als alle (Johannes 10,27-29; GNB).

Gott, dem ich diene, wird euch alles geben, was ihr braucht, so gewiss er euch durch Jesus Christus am Reichtum seiner Herrlichkeit teilhaben lässt (Philipper 4,19; GNB).

Diese Verheißungen bedeuten nicht, dass Gott immer nach unseren Vorstellungen und Wünschen handelt. Aber sie sind eine feste Zusage, *dass* Gott in jedem Fall handelt und tun wird, was ihn am meisten ehrt, wenn wir uns ihm anvertrauen. In Gottes Gegenwart im Himmel werden wir einmal sehen und darüber staunen, wie treffend genau dieser Weg zu uns und Gottes Plänen mit uns passte.

Stellen Sie sich vor, Gott persönlich würde Sie heute besuchen, so wie er damals Abraham in seinem Wüstenzelt besucht hat (siehe 1. Mose 18). Er setzt sich an Ihren Tisch, schaut Ihnen liebevoll und zugleich ernst in die Augen und sagt dann: »Schau, diese drei Verheißungen gebe ich dir. Sie gelten dir! Es sind meine Zusagen an dich. Ich werde dafür sorgen, dass diese Dinge in deinem Leben geschehen; ich bin jetzt schon dabei, dafür zu sorgen. Vertraust du mir, dass ich das für dich tue?«

Was würden Sie Gott antworten?

Wie Sie sich bei dieser kleinen Übung fühlen, zeigt Ihnen, wie großartig und zugleich herausfordernd es ist, Gottes Verheißungen Vertrauen zu schenken.

Ich möchte Sie noch einen Schritt weiterführen: Schauen Sie auf Ihr momentanes Leben. Ihre Familie. Ihre berufliche Situation. Ihre Träume. Ihre bisherigen Glaubenserfahrungen. Ihre Sehnsucht im Blick auf das, was Gott durch Sie zu seiner Ehre alles bewirken und bewegen könnte.

Und nun frage ich Sie:

Was könnten und würden Sie an Ihrer momentanen Situation ändern, wenn sich diese drei vorhin genannten Verheißungen Gottes als wirklich zuverlässig erweisen würden? Welches Risiko würden Sie dann im Vertrauen auf Gott, der Ihnen diese Zusagen gibt, eingehen?

Lassen Sie sich ruhig einen Moment Zeit, um über Ihre Antwort nachzudenken. Ich rate Ihnen, sie aufzuschreiben. Denken Sie ein paar Tage lang darüber nach, ob dieser Schritt wirklich eine angemessene und vertrauensvolle Reaktion auf Gottes Verheißungen sein könnte. Falls sie es wäre, erlauben Sie mir eine letzte Frage:

Was hindert Sie daran, dieses Risiko zu wagen?

Denken Sie daran: Ihr Glaube bekommt dort Flügel, wo Sie aufgrund von Gottes Verheißungen Dinge wagen, die Sie auf sich allein gestellt nie tun würden. Im Rückblick auf mein Leben erkenne ich immer wieder Momente, in denen mich Gott in solche Situationen führte. Auf einmal stand ich vor Weichen stellenden Entscheidungen. Ich hatte verschiedene Optionen. Solche, die mit größeren, und solche, die mit kleineren Risiken verbunden waren. In Augenblicken wie diesen ringe ich manchmal tage- oder wochenlang mit mir und Gott, um Klarheit zu finden. Nicht immer, aber oft lockt er mich, den Weg mit dem größeren Risiko zu wagen. Er lockt mich mit Zusagen und Verheißungen wie den oben genannten. Und mit einem inneren Frieden, indem er mir zuflüstert: »Wag den Schritt. Riskier etwas! Ich bin bei dir. Ich schaue schon, dass du nicht im Chaos endest. Und selbst wenn du einen Fehler machst – ich werde dir helfen, ihn zu korrigieren.«

Jedes Mal, wenn es bei mir um einen beruflichen Wechsel ging, erlebte ich dieses Ringen um Mut für ein Risiko. Oder als eine unserer Töchter in einer schweren Krise in der Schule steckte. Freunde rieten uns, das Kind aus der Klasse zu nehmen. Wir hatten den Eindruck, dass es richtig ist, es in diesem Fall nicht zu tun. Es war riskant, denn es hätte die Situation für sie noch schwerer machen können. Doch es erwies sich als guter Weg – wir erlebten darin Gottes Hilfe auf eindrückliche Weise. Unsere Tochter ging trotz aller Herausforderungen gestärkt und mutiger aus dieser Krise heraus.

Oder ich denke an unzählige Situationen, in denen es eigentlich nötig ist, einer anderen Person gegenüber eine Sache ganz offen anzusprechen und sie zu klären. Nicht nur im Beruf, auch in der Gemeinde stehen wir immer wieder vor dieser Entscheidung. Als Leiter erst recht. In meiner Zeit als Pastor verging keine Woche, ohne dass ich etwas ansprechen musste, das für jemanden unangenehm war. Oder das den Interessen von jemandem zuwiderlief. Oder das eine ungute Verhaltensweise aufdeckte. Was das Risiko beinhaltete, dass jemand sich infrage gestellt fühlte. Wie viel einfacher wäre es, in solchen Momenten einfach zu schweigen. Darauf zu hoffen, dass sich das Problem von selbst löst. Oder sich zu sagen, dass es so schlimm ja auch wieder nicht ist. Ich liebe es nicht, schwierige Themen anzusprechen – es besteht immer das Risiko eines Konflikts. Es kann zu mühsamen Gesprächen kommen. Belastenden Folgen für Beziehungen. Harten Auseinandersetzungen. Wie oft hörte ich angesichts all dieser Befürchtungen Gott flüstern: »Du weißt, was richtig ist. Du kennst meine Verheißungen von Segen, die dir gelten, wenn du dich für meine Werte einsetzt. Wenn du die Wahrheit, die Versöhnung und die Liebe förderst. Also tue es auch jetzt. Sprich die Sache an – in Liebe und Klarheit. Geh den Schwierigkeiten nicht aus dem Weg. Ich bin darin deine Stärke, deine Weisheit, dein Beschützer.«

Ich vermute, dass Sie auch immer wieder vor Weichen stellenden Entscheidungen stehen. Vor kleinen und großen, manche mit überschaubaren, andere mit sehr folgenschwer erscheinenden Risiken verbunden. Die Größe eines Risikos sollte Sie nicht dazu verleiten, die damit verbundene Option auszuschließen. Beten Sie intensiv. Denken Sie gründlich nach. Hören Sie auf die leisen Impulse Gottes. Und dann kommt der Moment, wo Sie entscheiden. Wo Sie sich an Gottes Verheißungen klammern und das Risiko eingehen.

Wagen Sie den Sprung! Es gibt einen, der Sie trägt!

Den sicheren Boden verlassen

Zu gerne wüsste ich, was die Herausforderung am Ende des letzten Kapitels bei Ihnen ausgelöst hat! Hat sie Sie zu einem konkreten Schritt geführt? Hat sie Sie vielleicht sogar zu kleinen oder größeren ersten Vorbereitungen für einen richtigen Aufbruch à la Abraham geführt? Das würde mich von Herzen freuen!

Sind Sie bereit für eine Steigerung?

Glauben heißt: an Bord gehen

Der Reformator Martin Luther hat die Notwendigkeit, im Vertrauen auf Gott ein Risiko einzugehen, folgendermaßen illustriert: Er verglich sie mit dem Aufbrechen zu einer Schifffahrt übers Meer.[18] Glaube, so Luther, erfordert dasselbe Vertrauen, wie wenn ich ein Schiff besteige, um ein weites Meer zu überqueren. Ich werde niemals einsteigen, solange ich diesem Schiff nicht traue, dass es mich trägt und sicher ans Ziel bringt. In einem kleinen Ruderboot zum Beispiel schippere ich zwar auf dem Hallwilersee herum, an dessen Ufer ich aufgewachsen bin. Ich käme aber niemals auf die Idee, damit von der französischen Westküste aus Richtung New York aufzubrechen. Ich würde weder diesem kleinen Holzboot noch meinen eigenen Ruder- und Navigationskünsten trauen. Solange mein Vertrauen fehlt, begründet oder nicht, werde ich nicht einsteigen und losfahren.

Ich bin noch nie in einem Schiff übers Meer gefahren. Deshalb hilft mir an dieser Stelle noch mehr das Bild vom Fliegen. Auch nach mehreren längeren Flugreisen geht es mir noch heute vor jedem Flug gleich. Während ich ins Flugzeug steige, durchströmt mich ein leiser Zweifel: »Werde ich auch

---

18 Beschrieben in: Alister E. McGrath: *Der Weg der christlichen Theologie: Eine Einführung.* München: C.H. Beck, 1994, Seite 165.

wirklich gesund und heil am Ziel aussteigen?« Während jedes Fluges stelle ich mir ein paar bange Momente lang vor, wie es wäre, wenn gerade jetzt, auf 10 000 Metern Höhe, die Motoren ausfallen, beide Triebwerke explodieren oder der Rumpf auseinanderbrechen würde. Keine sehr schöne Vorstellung, finden Sie nicht auch? Zum Glück gibt es auf jedem Linienflug dieses fröhlich lächelnde Flugpersonal. Die hübschen Damen und adretten Herren strahlen jedes Mal eine solche Gelassenheit und Zuversicht aus, als wollten sie mir zurufen: »Keine Angst, junger Mann (na ja, sooo jung nun auch wieder nicht); Flugzeuge können zwar abstürzen, dieses hier aber bestimmt nicht!« Und so wende ich mich nach meiner kurzen Horrorvorstellung und einem erneuten Mut machenden Lächeln der Stewardess wieder erleichtert dem neusten Hollywood-Streifen auf dem Monitor zu.

Wenn ich dann ein paar Stunden später wohlbehalten aus dem Flugzeug steige, sende ich jedes Mal ein besonders inniges und erleichtertes Dankgebet zum Himmel: »Danke, mein Vater im Himmel; es ist gut gegangen!« Es ist gut gegangen! Ja, es geht gut. Es gab zwar keine Garantie dafür, als ich ins Flugzeug stieg (auch lächelnde Stewardessen können nicht darüber hinwegtäuschen). Es gibt nur eine Lösung: Mein Vertrauen muss größer sein als meine Furcht, sonst steige ich nicht ein.

Die Angst einen Augenblick länger aushalten

Es geht nicht darum, im Blick auf ein Risiko *keine* Angst zu haben. Echter Mut zeichnet sich nicht dadurch aus, dass keine Angst vorhanden ist. Dann wäre es ja kein Wagnis mehr, sondern eine naheliegende Selbstverständlichkeit. Mut bedeutet nicht, keine Angst zu haben, sondern, wie John S. Patton es ausdrückte, die Angst eine Minute länger auszuhalten als die meisten anderen

Menschen.[19] Eine mutige Person lässt sich von ihrer Angst, die sie zweifellos hat, nicht abhalten, das Richtige zu tun. Sie vertraut darauf, dass es einen gibt, der ihr seine Hand entgegenstreckt und sie auffängt, wenn sie fällt.

Wichtig ist: Für unser Leben mit Gott werden wir immer auch Mut brauchen. Nach dieser Gesetzmäßigkeit funktioniert unser Glaube. Mit Gott zu leben, sein Reden durch sein Wort, durch seine Verheißungen, durch innere Impulse und das leise Flüstern des Heiligen Geistes ernst zu nehmen und danach zu handeln, erfordert Mut und Vertrauen. Vertrauen, das zu konkreten Schritten führt, die auch mit Risiken verbunden sind. Vertrauen, das zu tun, was Gott mir aufs Herz legt. Ohne Garantieschein. Und ohne die Sicherheit, dass am Ende alles wunderbar ausgehen und zu meinen Gunsten ausfallen wird. Ich weiß es erst hinterher. Nicht im Voraus. Erst nachdem ich das Risiko eingegangen und eingestiegen bin.

> Für unser Leben mit Gott werden wir immer auch Mut brauchen.

Wo in Ihrem Leben stehen Sie an einer Wegscheide zwischen Risiko und Sicherheit? Wo merken Sie, dass Sie den sicheren Boden verlassen und ins Flugzeug des Vertrauens einsteigen sollten, um an das Ziel zu gelangen, das Gott Ihnen vor Augen malt?

Werden Sie es wagen, Ihre Angst ein paar Augenblicke länger auszuhalten als die meisten anderen Menschen? Weil Sie Gott vertrauen?

---

19 »Courage is fear holding on a minute longer.« (John S. Patton), Quelle unbekannt.

Von großem Glauben
und einem großen Gott

Wir sitzen zu sechst im kleinen Wohnzimmer von Markus. Er ist 26 Jahre alt und hat Leukämie. Weder die Gebete der Gemeinde noch die Chemotherapie und eine aufwändige Knochenmarkspende haben die ersehnte Heilung gebracht. Freunde von ihm haben drei Bekannte aus Zürich mitgebracht, die besondere Erfahrungen im Gebet mit Kranken haben sollen. Markus wollte das erst nicht. Nach vielen Monaten des Kämpfens und Ringens kann er mittlerweile den Gedanken zulassen, früher als die meisten seiner Mitmenschen diese Welt zu verlassen. Dennoch hat er die Hoffnung, gesund zu werden, nicht aufgegeben. Also sind sie gekommen.

Während wir mit Markus beten, sagt einer der drei Besucher aus Zürich: »Markus, Gott will dich gesund machen; das ist gar keine Frage. Es ist aber entscheidend, dass du *wirklich* daran glaubst!« Ich halte den Atem an und überlege fieberhaft, wie ich als Pastor auf diese heikle Situation reagieren soll. Bevor ich etwas sagen kann, schaut Markus den jungen Besucher an und sagt: »Ich weiß, dass Gott mich gesund machen *kann*. Aber ehrlich gesagt: Die Vorstellung, bald bei ihm zu sein, ist für mich inzwischen genauso schön wie die Vorstellung, noch 50 Jahre zu leben.«

Kurze Zeit später verabschieden sich unsere drei Besucher aus Zürich. Ich ahne, was sie denken und indirekt auch formulieren: »Wenn Markus nicht wirklich glaubt, dass Gott ihn heilen will, dann funktioniert es nicht!«

Drei Monate später ist Markus im Himmel.

»Du musst glauben!«

Während meiner Tätigkeit als Pastor bin ich diesem Denkmuster in verschiedenen Ausprägungen immer wieder begegnet;

besonders wenn es um das Thema Heilung von körperlicher Krankheit ging: Eine Person ist schwer krank. Eine andere Person kommt und sagt ihr: »Du musst wirklich und unerschütterlich glauben, dass Gott dich gesund machen *wird*. Tust du das nicht, kann er dich nicht heilen. Es kommt auf deinen Glauben an!«

Was sollen wir davon halten? Haben Menschen, die trotz intensiven Gebets um Heilung an einer Krankheit sterben, nicht genug geglaubt? Woher kommt die Überzeugung, dass es in gewissen Situationen entscheidend darauf ankommt, wie »stark« wir glauben? Dass wir nicht nur irgendwie ein bisschen glauben, sondern einen »festen«, »großen« Glauben – und damit eben ein unerschütterliches Vertrauen in Gott haben? Und wenn es darauf tatsächlich ankommt: Wie genau und an was sollen wir dabei glauben?

Jesus wirbt um Glauben

Ein Blick in die Bibel zeigt: Jesus hat eine ganze Reihe von Aussagen gemacht, in denen eine bestimmte Intensität und Ausrichtung des Glaubens tatsächlich eine entscheidende Rolle spielen:

• Ein römischer Hauptmann kommt zu Jesus. Sein geliebter Diener liegt mit großen Schmerzen gelähmt im Bett. Er bittet Jesus nicht, zu ihm zu kommen. Er bittet ihn um eine sogenannte Fernheilung: Ein Wort von Jesus hier und jetzt würde genügen, damit der Diener zu Hause gesund werden kann. Jesus staunt*: »Solchen Glauben habe ich bei niemandem in Israel gefunden!«* Und kurz danach: *»Geh! Dir geschehe, wie du geglaubt hast.«* In diesem Moment wird der Diener daheim gesund (siehe Matthäus 8,5-13). Es sieht so aus, als würde diese Heilung durch die Art und Weise ermöglicht, wie der Hauptmann glaubt. Sein Glaube scheint die Ursache, die Heilung das sich daraus ergebende Resultat zu sein.

- Kurze Zeit später ist Jesus mit seinen Jüngern im Boot auf dem See Genezareth unterwegs. Es zieht ein Sturm auf und die Jünger geraten in Panik. Verzweifelt wecken sie den im Boot schlafenden Jesus. Dieser schaut sie verwundert an und sagt: *»Was seid ihr so furchtsam, ihr Kleingläubigen?«* (Matthäus 8,26). Gemäß dieser Worte haben die Jünger einen kleinen, mickrigen Glauben und Jesus tadelt sie dafür. Was ist an ihrem Glauben verkehrt? Welche Art von Glauben erwartet er von ihnen?

- Bei einer anderen Gelegenheit kommt eine nichtjüdische Frau zu Jesus. Ihre Tochter wird von bösen Mächten gequält. Jesus schlägt ihre Bitte ab, denn er will sich auf seinen Dienst am jüdischen Volk konzentrieren. Die Frau jedoch gibt nicht auf und diskutiert mit Jesus. Dieser wundert sich über ihre Hartnäckigkeit und sagt zu ihr: *»Frau, dein Glaube ist groß! Dir geschehe, wie du willst«* (Matthäus 15,28). Im Gegensatz zu den Jüngern verfügt diese Frau also über einen großen Glauben. Das öffnet ihr das Tor zum erhofften Wunder.

- Ein letztes Beispiel: Wieder geht es um ein krankes Kind. Ein Vater steht verzweifelt vor Jesus und bittet ihn, seinem Sohn zu helfen, falls er dazu imstande ist. Da erwidert Jesus: *»Was soll das heißen: Wenn du etwas vermagst? Alles ist möglich dem, der glaubt!«* (Markus 9,23). Dieser Satz scheint alles zu sagen: Es ist alles möglich, wenn man glaubt. Alles!
Anders betrachtet: Bedeutet das, dass man nicht, falsch oder zu wenig glaubt, wenn nicht geschieht, was man erhofft und wofür man intensiv betet?

Diese vier biblischen Beispiele zeigen: Jesus wirbt um den Glauben der Menschen. Glaube scheint eine enorme Kraft zu haben. Er öffnet die Tür zu Unmöglichem und lässt es Wirklichkeit werden. Menschen können einen kleinen oder einen großen Glauben haben. Jesus bevorzugt offenkundig großen Glauben.

Wenn alles von mir abhängt

Doch was ist ein »großer« Glaube? *Was genau* macht ihn groß? Zu dieser Frage kommt die etwas irritierende Beobachtung hinzu, dass Jesus an einer anderen Stelle genau das Gegenteil zu sagen scheint: »*Wenn ihr Glauben habt wie ein Senfkorn, werdet ihr zu diesem Berg sagen: Bewege dich von hier nach dort, und er wird sich wegbewegen; und nichts wird euch unmöglich sein*« (Matthäus 17,20b).

Das Senfkorn gehörte zu den kleinsten, unscheinbarsten Samenkörnern, die damals in der Landwirtschaft verwendet wurden. Will Jesus damit sagen, dass auch ein kleiner Glaube genügt, damit etwas Großes geschehen kann? Doch wie verhält sich das zum unmittelbar vorausgehenden Vorwurf an die Jünger, sie seien *kleingläubig* (siehe Matthäus 17,20a)?

Ich bin mir sicher: Die drei Bekannten von Markus' Freunden, die extra nach Aarau kamen, um für einen jungen, krebskranken Mann zu beten, kannten die oben zitierten Worte Jesu. Vermutlich lagen sie sogar ihrer Überzeugung zugrunde, dass Gott Markus heilen würde, wenn er nur daran glaubte. Sie meinten es gut. Sie wollten helfen. Sie sehnten sich nach einem kraftvollen Eingreifen Gottes wie wir alle auch.

Gleichzeitig haben sie diese Worte über den Glauben auf eine ganz bestimmte Weise interpretiert. Das wiederum formte ihr Verständnis davon, wie sich Glaube auszudrücken hat. Sie waren offensichtlich der Meinung, dass im Blick auf ein übernatürliches Eingreifen Gottes die Größe und Tiefe unseres Glaubens die entscheidenden Voraussetzungen sind. Erst dann kann und wird Gott wirken.

»Richtiger« Glaube nach diesem Verständnis sieht so aus:

- Richtig glauben bedeutet: sich total sicher sein.
- Richtig glauben heißt: eine klare Vorstellung davon haben, wer Gott ist, was sein Wille ist und um jeden Preis an dieser Vorstellung festhalten.
- Wer richtig glaubt, verfügt über eine Art Schlüssel, der ihm die Türen öffnet. Jede Art von Wunder ist dem möglich, der auf diese Weise glaubt.
- Wer richtig glaubt, zwingt sich dazu, im Blick auf das ersehnte Wunder eine unerschütterliche innere Gewissheit zu entwickeln und zu behalten: Gott kann, will und wird dieses Wunder tun!
- Ein richtiger und großer Glaube besteht darin, dass es mir gelingt, den letzten Funken Zweifel in meinem Herzen zu überwinden und hinter mir zu lassen.

Es mag auf den ersten Blick beeindrucken, wenn Menschen solche Überzeugungen haben. Aber Hand aufs Herz: Eigentlich ist das unheimlich anstrengend. Denn – und das ist das eigentliche Problem der dahinterliegenden Vorstellung – hier bin ich total auf mich selbst geworfen. Auf *mein* Glauben-Können. Das Entscheidende hängt von mir ab.

Wenn *ich* nicht richtig glaube, wird Gott nichts tun. Wenn *ich* es nicht schaffe, jeden Zweifel zu überwinden und zu ersticken, dann wird nichts geschehen. Ich muss *richtig* und ich muss *genug* glauben. Gott tut gar nichts, solange ich das nicht hinkriege. Im schlimmsten Fall lässt er sogar zu, dass ich an meiner unheilbaren Krankheit sterbe – weil ich ja offensichtlich nicht tief und fest genug glaube …

Vielleicht ahnen Sie, welch fatales Gottesbild hinter einer solchen Überzeugung steckt. Sie macht alles von mir abhängig. Gott überlässt es meiner Verantwortung, ob er helfen und ein Wunder bewirken kann oder nicht. Schaffe ich es nicht, bleibt alles beim Alten.

Was für ein Gott ist das? Was bürdet er mir da auf? Und welcher normale Mensch schafft es überhaupt, diese unendlich hohe Messlatte zu erreichen und dauerhaft zu halten?

Ich bin der Überzeugung, dass eine solche Vorstellung vom Glauben den Grundaussagen des Evangeliums von Jesus diametral gegenübersteht. Sie führt in eine unbarmherzige Gesetzlichkeit. Sie macht den Glauben zu einer Leistung, die ich selbst hervorbringen muss. Gott handelt erst dann, wenn ich es geschafft habe, meinen Pflichtteil zu erfüllen. Und dieser Pflichtteil ist enorm groß: Er besteht in der totalen, unerschütterlichen, von jedem Zweifel befreiten Sicherheit, dass Gott dieses oder jenes tun will und wird! Ein Gott, der das von einem Menschen verlangt, ist ein unbarmherziger, ja geradezu gewalttätiger Gott. Ein solcher Gott aber ist nicht mehr der Gott der Bibel – es ist ein uns verfügbar gemachtes Wesen, das wir uns selbst ausgedacht und mit dem Namen »Gott« versehen haben.

Großer Glaube oder großer Gott?

Der englische Theologieprofessor N.T. Wright hat ein Buch mit einigen Predigten zum Thema »Glauben« veröffentlicht. Es trägt den Titel *Small Faith – Great God*[20] (»Kleiner Glaube – großer Gott«). Wright geht darin der Frage nach, welche Art von Glauben Gott von uns erwartet.[21] Schon der Titel des Buches fasst eine seiner wichtigsten Thesen zusammen: Es geht in der Nachfolge von Jesus Christus nicht um einen großen Glauben, sondern um den Glauben an einen großen Gott.[22]

Ich möchte das noch präzisieren: Mein Glaube wird nicht dadurch groß, dass ich selbst etwas produziere. Dadurch, dass

---

20 N.T. Wright: *Small Faith – Great God: Biblical Faith for Today's Christians.* Downers Grove, Illinois: IVP Books, 2010.
21 Einige Gedanken aus zwei der Predigten aus Wrights Buch sind in dieses Kapitel eingeflossen.
22 Ebd., Seite 38: »It is not great faith we need: it is faith in a great God.«

ich es schaffe, eine bestimmte innere Erwartung, Vorstellung oder Überzeugung hervorzubringen. Die Größe meines Glaubens ergibt sich nicht durch etwas, das ich selbst bin, kann oder tue. Sie ergibt sich allein aus der Größe der Person, der ich vertraue.

Mein Vermögen, aus mir selbst zu glauben, bleibt immer mickrig, wechselhaft, widersprüchlich und unvollkommen. Mein Gott aber, dem ich gehöre, er ist groß, fähig, willig, ungeteilt, stark, unbezwingbar, heilig und mächtig. *Seine* Möglichkeiten sind unbegrenzt. Wenn ich ihm traue, mich ihm in die Arme werfe und darin meine Lebenszuversicht finde, dann ist das die Art von »großem Glauben«, die Gott sich von seinen Kindern wünscht. Er lässt ihn sein, wer er ist: Gott.

> Die Größe meines Glaubens ergibt sich nicht durch etwas, das ich selbst bin, kann oder tue. Sie ergibt sich allein aus der Größe der Person, der ich vertraue.

Muss jedoch ich selbst in meinem Glauben-Können groß, stark, fähig sein, dann versuche ich zu schaffen, was nur Gott kann. Er soll meine Glaubensleistung abnicken und mir zur Belohnung das tapfer herbeigeglaubte Wunder servieren.

Kehren wir zurück zu den verschiedenen Situationen in der Bibel, in denen Jesus den Glauben von Menschen lobt bzw. aus ihnen »herauskitzelt«: Nach welcher inneren Ausrichtung hält er dort Ausschau? Wie sieht der Glaube aus, der ihn ehrt und dazu bewegt, ein Wunder zu schenken?

- Jesus honoriert nicht eine selbst produzierte Glaubensleistung, sondern das tiefe Vertrauen, das Menschen ihm entgegenbringen.

- Diese Menschen wissen um die Möglichkeiten, die Jesus hat. Sie wenden sich an ihn und erwarten alle Hilfe von ihm. Sie halten sich selbst weder für stark noch produzieren sie einen religiösen Kraftakt.

- Sie wissen, dass sie aus sich selbst nichts vermögen. Gleichzeitig wissen sie, dass Christus alles vermag. In dieser Hoffnung werfen sie sich ihm zu Füßen und bitten ihn um sein unverdientes Erbarmen.

- Sie verschwenden weder Zeit noch Kraft, um vor Jesus gut genug zu sein, sondern machen sich total abhängig von ihm, indem sie ihm sich und ihre hoffnungslose Situation anvertrauen.

- Alles, worauf sie hoffen, suchen sie bei Jesus, nicht bei sich selbst.

Eine der am Anfang des Kapitels genannten Stellen beinhaltet den Tadel an die Jünger: *»Warum seid ihr so furchtsam, ihr Kleingläubigen?«* (Matthäus 8,26). Selbst hier tut Jesus meiner Meinung nach nichts anderes, als um diese gerade beschriebenen Ausdrucksformen von Vertrauen zu werben. Er nennt sie »Kleingläubige«, um ihnen bewusst zu machen, dass sie ihm diese Art von Vertrauen noch nicht schenken können oder wollen. Er wünscht sich, dass sie eine neue Sichtweise bekommen – dass sie ihn in allem als absolut verlässlich betrachten und sich fallen lassen können.

In den vergangenen Jahren hat mir diese Perspektive enorm geholfen, wenn ich zusammen mit den anderen Leitern unserer Gemeinde für kranke oder verzweifelte Menschen betete und auf ein Wunder hoffte. Ich weiß in solchen Momenten: Wenn es jetzt auf mich oder auf die vor uns sitzende Person ankommt, damit ein Wunder geschieht, dann haben wir alle nicht den Hauch einer Chance. Wenn es aber auf Gott ankommt; wenn alleine zählt, was er kann und möchte, dann kann ich zuversichtlich, kühn und erwartungsvoll um das erwünschte Wunder bitten. Wir wiederum tun – so oft wie möglich –, was uns aufgetragen ist: Wir bekennen unsere Schuld, beten, legen die Hände auf, salben mit Öl und schauen erwartungsvoll auf Jesus Christus (siehe Jakobus 5,14-16). Alles Weitere ist nicht unsere, sondern seine Sache.

Das ist unglaublich befreiend.

Schwacher Glaube, der in starke Arme springt

Ich schließe dieses Kapitel mit vier ergänzenden Gedanken und Illustrationen zu diesem komplexen Thema. Sie veranschaulichen noch einmal auf etwas andere Weise, wie sehr es beim Glauben nicht auf denjenigen ankommt, der glaubt, sondern auf den, an den man glaubt.

- Im zweiten Timotheusbrief bringt Paulus es eindrücklich auf den Punkt: Was seinen Glauben nährt und festigt, ist nicht sein eigenes Vermögen, auch nicht sein religiöses. Es ist Gottes Macht: *Ich weiß, auf wen ich mein Vertrauen gesetzt habe, und ich bin gewiss, dass er die Macht hat, das mir anvertraute Gut zu bewahren auf jenen Tag hin* (2. Timotheus 1,12). Darauf kommt es an: wissen, auf wen man sein Vertrauen setzt – nicht auf sich selbst, sondern auf den, der alle Macht hat.

- Auf dieser Grundlage ist unser Glaube nichts anderes als ein mutiger Sprung hinein in die Arme Gottes. Gott ist derjenige, dessen Stimme uns aus dem Dunkel unserer herausfordernden Alltagssituationen zuruft: »Komm, spring! Ich fang dich auf!«[23] Das Einzige, was wir zu tun brauchen, ist zu springen. Das ist Gehorsam.

- An dieser Stelle lohnt es sich noch einmal, von Abraham zu sprechen, mit dem wir uns im letzten Kapitel beschäftigt haben: In Römer 4,18-22 beschreibt Paulus dessen Glaubensabenteuer, nachdem Gott ihm einen Sohn versprochen hat (Abraham war immerhin schon ein hundertjähriger Greis!). Abraham blickte auf seinen alten, runzligen Körper und den seiner Frau – und der Fall war klar! Er blieb nun aber nicht dabei stehen, sondern richtete seinen nächsten Blick wieder zurück auf die Verheißung, die Gott ihm gab.

---

23 Ebd. Seite 38.

N.T. Wright schreibt:

> »*Glaube heißt, unsere eigene Situation und unsere Zerbrechlichkeit im Licht dessen zu sehen, wer Gott ist und was er für uns getan hat. Unsere Hoffnung besteht nicht in einem vagen Optimismus. Vielmehr schaut sie in die Zukunft und sieht sie im Licht Gottes und im Licht dessen, was er uns zu tun versprochen hat: dass er uns an sein Ziel bringen wird, während Jahr um Jahr ins Land zieht.*«[24]

- Und schließlich: Erinnern Sie sich an mein Erlebnis in der Aare in Bern, als ich das erste Mal von der Brücke in den Fluss sprang. Der Höhepunkt bei dieser Erfahrung war für mich das körperlich spürbare Erleben, wie dieser machtvolle Fluss mich trug und mühelos mit sich zog. Ich brauchte nicht zu strampeln; ich brauchte nicht zu keuchen; ich brauchte nicht einmal zu schwimmen. Alles was ich tat, war, mich an meinem Wasserball festzuhalten und tragen zu lassen. Den Rest übernahm der Fluss. Die schönste Seite des Glaubens zeigt sich uns, wenn wir erleben, dass unsere Schwachheit in Gottes machtvoller Kraft schwimmt[25] – und von ihr ans Ziel getragen wird.

---

24 Ebd. Seite 31.
25 Ebd. Seite 30.

Goldstücke: vier weitere Entdeckungen zur Schönheit des Vertrauens

Im letzten Kapitel dieses zweiten Teils möchte ich Sie mit ein paar weiteren faszinierenden Seiten unseres Glaubens vertraut machen. Sie sind für mich wie Goldstücke, die das bisher Beschriebene vervollständigen. Kleine, aber wertvolle Aspekte, die zeigen, wie reich und schön Vertrauen sein kann.

Goldstück 1: Schlafen als Ausdruck von Vertrauen

Im Zusammenhang mit dem Phänomen des menschlichen Schlafs macht die Bibel ein paar erstaunliche Aussagen: Demnach scheint Schlafen eine geistliche Angelegenheit zu sein. In Psalm 4,9 lesen wir: *Mich quält keine Sorge, wenn ich mich niederlege, ganz ruhig schlafe ich ein; denn du, Herr, hältst die Gegner von mir fern und lässt mich in Sicherheit leben* (GNB). David, der Autor dieses Psalms, wird gerade von feindlich gesinnten Menschen bedroht. Er drückt sein Vertrauen in Gott inmitten dieser Gefahr so aus, dass er sich getrost schlafen legt.

Auch Jesus macht deutlich, dass Schlafen Ausdruck eines tiefen Vertrauens auf Gott sein kann. In Markus 4,26-29 erzählt er die Geschichte eines Bauern, der Getreide aussät und sich anschließend schlafen legt. Er kann getrost einschlummern, weil er weiß: Nur Gott kann aus diesen Samen eine Getreideernte wachsen lassen. Er lebt vom Vertrauen, dass der Vater im Himmel das Eigentliche tut.

Kurz nachdem Jesus diese Geschichte erzählt hat, steigt er mit seinen Jüngern in ein Fischerboot und fährt mit ihnen auf den See hinaus (siehe Markus 4,35-41) – wir haben uns diese Geschichte schon häufiger angesehen. Wichtig in diesem Zusammenhang ist, was Jesus tut. Er schläft. Ein Ausdruck seines Vertrauens und seiner tiefen Geborgenheit beim Vater.

Manchmal ist Schlafen das Geistlichste, was wir tun können. Schon alleine der Akt des Einschlafens lehrt uns eine wichtige Lektion: Man kann sich nicht selbst zum Einschlafen bringen. Niemand von uns kann seinen Körper zwingen, dass er nun schlafen soll. Schlafen ist das Resultat unseres Loslassens: Wir beenden alle Aktivität. Wir legen uns hin und schließen die Augen. Atmen ruhiger. Jetzt erst ist Schlaf möglich.

> Schlafen ist das Eingeständnis des Menschen, dass er nicht Gott ist und es auch nicht zu sein braucht.

Unser Schlaf kann zu einem Ausdruck unseres Vertrauens werden, dass Gott wacht. Dass er handelt. Dass er bewahrt. Dass nun, während wir gar nichts mehr tun, Gott für das sorgen möge, was entscheidend, was wichtig ist und nötig. Nachdem wir das Kleine getan haben, was uns möglich war. Nachdem wir unser Bestes gegeben haben. Schlafen ist das Eingeständnis des Menschen, dass er nicht Gott ist und es auch nicht zu sein braucht. Nur Gott selbst schläft nicht (siehe Psalm 121,4). Das ist die gute, befreiende Nachricht unseres Glaubens. Während wir schlafen, wacht Gott. Wir vertrauen darauf, dass er nun tut, was ich nicht mehr kann:

- umfassend auf mein Leben achtgeben
- dafür sorgen, dass ich morgen zu essen habe
- über meinen Kindern wachen, die noch mit Freunden unterwegs sind
- es schenken, dass mein kranker Freund seine Zuversicht nicht verliert
- es ermöglichen, dass die Gemeinde sich gesund entwickelt und Menschen im Glauben vorankommen
- alles Böse von mir fernhalten und meine Rechte als sein Kind sichern

Eines der ersten Anzeichen dafür, dass ein Mensch Gott nicht vertrauen kann, ist, dass er schlecht schläft. Dass er wach liegt, von Sorgen und Befürchtungen geplagt ist und nicht mehr zur Ruhe kommt.

Der amerikanische Theologie James Bryan Smith bezeichnet deshalb den Schlaf als eine zentrale geistliche Disziplin.[26] Ich gehe einen Schritt weiter und sage: Schlaf ist die Königin der geistlichen Disziplinen! Wenn wir schlafen, drücken wir deutlicher als irgendwo sonst aus, dass wir glauben und vertrauen, dass das Entscheidende für unser Leben von Gott kommt, nicht von uns selbst.

Goldstück 2: Grammatik, die mein Vertrauen stärkt

Haben Sie schon mal vom »Durativ« gehört? Keine Sorge, es handelt sich nicht um einen geheimen Erkenntniscode, ohne den Sie nicht in den Himmel kommen. Hier geht es bloß um ein bisschen Grammatik, die im Zusammenhang mit unserem Thema aufschlussreich ist.

Wir haben an früherer Stelle die Geschichte des Synagogenvorstehers Jairus aus Markus 5 thematisiert. Er kommt eines Tages zu Jesus, weil seine einzige Tochter todkrank ist, und bittet ihn zu sich nach Hause. Da Jesus auf dem Weg von einer anderen, ebenfalls kranken Person aufgehalten wird, vergeht einige Zeit und das Kind stirbt. Leute aus dem Haushalt von Jairus kommen zu ihm und überbringen die Nachricht, dass es zu spät sei und er Jesus nicht weiter zu bemühen brauche. Jesus hört es und wendet sich mit folgenden Worten an Jairus: *»Fürchte dich nicht, glaube nur!«* (Markus 5,36).

Im Griechischen, der Sprache, in der das Neue Testament ursprünglich verfasst wurde, nennt man die hier verwendete Zeit-

---

26 James Bryan Smith: *The Good and Beautiful God: Falling in Love with the God Jesus Knows.* London: Hodder & Stoughton, Seite 34.

form einen sogenannten »Durativ«[27]. Es bedeutet, dass das entscheidende Verb im Satz nicht eine zeitlich beschränkte Tätigkeit umschreibt, sondern eine, die dauerhaft und anhaltend ist. Jairus soll nicht einfach nur glauben, jetzt, für einen kurzen Moment. Jesus fordert ihn auf, anhaltend, dauerhaft zu glauben. Wenn man seine Worte ganz wörtlich übersetzt, dann lauten sie so: *Fürchte dich nicht, halte durch im Vertrauen!* Jesus wirbt also darum, dass Jairus nicht aufgibt: »Wirf dein Vertrauen noch nicht weg, auch wenn deine Tochter gestorben ist. Höre nicht auf, mir zu vertrauen!«

Nicht nur in dieser besonderen Situation geht es um diesen anhaltenden und durchhaltenden Glauben, auch in der grundlegenden Glaubenseinladung Jesu in Markus 1 kommt diese Zeitform vor: *Erfüllt ist die Zeit, und nahe gekommen ist das Reich Gottes. Kehrt um und glaubt* (Durativ!) *an das Evangelium* (Markus 1,15). Jesus ruft also nicht nur Jairus, sondern all seine Zuhörer und Nachfolger (auch Sie und mich) dazu auf, ihm anhaltend zu vertrauen. Es ist ihm nicht genug, wenn wir hin und wieder zwischendurch einen Moment lang vertrauen. Dann, wenn uns gerade danach ist. Dann, wenn es uns mitten im Gottesdienst inmitten der Lieder leichtfällt. Oder wenn wir uns angesichts eines großartigen Naturphänomens Gott nahe fühlen. Gott wirbt um unser anhaltendes Vertrauen. Um ein Vertrauen im Durativ – eines, das einen langen Atem behält.

Das ist besonders dann wichtig, wenn wir wie Jairus einer Situation ausgesetzt sind, die uns Anlass zur Vermutung gibt, nun sei alles weitere Vertrauen vergeblich und bringe nichts mehr. Dann sind wir in den *Kampf des Glaubens* hineingestellt, von dem auch Paulus schreibt (siehe 1. Timotheus 6,12). Es sind Momente, in denen uns das Vertrauen nicht in den Schoß fällt. Wir müssen darum ringen. Darum, den Umständen zum Trotz weiter auf

---

27 Eine Aussage hat in der Regel dann durativische Bedeutung, wenn ein Imperativ (Befehlsform) mit dem Präsens (Gegenwartsform) zusammenfällt. Siehe Friedrich Blass und Albert Debrunner: Grammatik des neutestamentlichen Griechisch. Göttingen: Vandenhoeck & Ruprecht, 13. Auflage, 1970, Seite 207.

Christus zu schauen und alles von ihm zu erwarten. Der amerikanische Theologe Brevard S. Childs schreibt:

>*Man hat Glaube nicht statisch, man kämpft darum – gegen die ständige Möglichkeit des Unglaubens.*«[28]

Dabei bleiben wir uns bewusst, dass wir nur dann vertrauend durchhalten können, wenn Gott selber uns zu Hilfe eilt und uns dazu befähigt.

Welche Umstände und Situationen in Ihrem Leben stellen Sie gerade vor die Herausforderung, in Ihrem Vertrauen durchzuhalten? Unser Alltag beschert uns immer wieder Gelegenheiten dazu, im Durativ zu glauben:

- wenn die berufliche Situation gerade schwierig ist und ich noch keine Lösung sehe
- wenn eine Antwort auf meine Gebete ausbleibt
- wenn ich in einer bestimmten Sache noch nichts von Gottes Hilfe und Fürsorge sehe
- wenn die Versorgung für mich und meine Familie gerade infrage gestellt ist
- wenn eine Beziehung belastet ist und sich trotz aller Klärungsversuche und Gebete nichts zu verändern scheint
- wenn meine Kinder Wege gehen, die mir unverständlich sind, und alles über Bord zu werfen scheinen, was ich ihnen an hilfreichen Leitlinien mitgeben wollte
- wenn ich mich seit Jahren in eine Arbeit und in Menschen investiere, sich aber nichts zu bewegen scheint
- etc.

Sie können diese Liste mit Punkten ergänzen, die für Sie gerade aktuell sind. Hören Sie Jesus, der Ihnen zuruft: »Fürchte dich nicht, halte durch im Vertrauen!«?

---

28 Brevard S. Childs: *Die Theologie der einen Bibel*. Band 2: Hauptthemen. Freiburg: Herder Verlag, 2003, Seite 314.

Goldstück 3: Join-up:
Gott begegnen beim Pferdeflüsterer

Im Buch *Das Geheimnis deiner Stärke* erzählte ich die Geschichte des bekannten Pferdeflüsterers Monty Roberts.[29] Dort erwähne ich auch kurz die wohl wichtigste Entdeckung, die Monty Roberts bei seiner Arbeit mit Pferden gemacht hat: das sogenannte »Join-up«.

Was ist ein »Join-up«? Es beschreibt den Augenblick, in dem ein wildes, scheues oder auch traumatisiertes Pferd seine Furcht verliert und sich einem nach Roberts Methode geschulten Pferdetrainer anvertraut. In Dokumentarfilmen kann man dieses Join-up auf eindrückliche Weise mitverfolgen: Der Pferdetrainer bewegt sich auf ein vor ihm flüchtendes, durch Angst und Panik verstörtes Tier zu. Durch seine Körperhaltung kommuniziert er mit dem Pferd und gibt ihm zu verstehen, dass er eine Beziehung zu ihm aufbauen will. Nachdem das Pferd für einen Moment weiterhin scheut, lenkt es plötzlich ein. Es merkt, dass sein Gegenüber es einlädt, zu ihm zu kommen und sich seiner Führung anzuschließen. Es wird ruhig und bewegt sich langsam auf den Trainer zu. Dieser wendet ihm nun die leicht abgewandte Schulter zu und bewegt sich von ihm weg. Das Pferd jedoch stellt sich von hinten an seine Seite und folgt ihm Schritt für Schritt. Selbst ein wildes Tier tut das, sobald es Vertrauen gefasst hat. Monty Roberts hat diese Methode auf freier Wildbahn bei Leitstuten beobachtet und begonnen, sie selber anzuwenden. Und es funktioniert![30]

Als ich zum ersten Mal einem Join-up zuschaute, war ich fasziniert. Ich dachte: Genauso wie ein solcher Pferdetrainer um

---

29 Thomas Härry: *Das Geheimnis deiner Stärke: Wie Gott deine Lebensgeschichte gebrauchen will.* Witten: SCM R.Brockhaus, 4. Auflage, 2011, Seiten 115ff.

30 Eine eindrückliche Dokumentation über die Arbeit der deutschen Pferdetrainerin Andrea Kutsch, die von Monty Roberts ausgebildet wurde, ist als DVD erhältlich: Andrea Kutsch: Die Pferdeflüsterin. ARD Video. Studio Hamburg Fernseh Allianz (FA) GmbH, 2005.

das Vertrauen eines verstörten Tieres wirbt, wirbt Gott um unser Herz! Er möchte uns zu einem Join-up führen; zu diesem entscheidenden Moment, in dem wir ihm gegenüber unsere Angst und unseren Widerstand aufgeben. In dem wir ihm unser Vertrauen schenken und beginnen, mit ihm zu gehen – wo immer er auch hingeht und uns hinführt.

Im zweiten Kapitel im Buch des Propheten Hosea wird Gottes Bemühen um ein solches Join-up bei seinem Volk (das er hier liebevoll »seine Braut« nennt) auf eindrückliche Art und Weise beschrieben:

Dann aber will ich selbst sie umwerben.
Ich werde sie in die Wüste bringen und ihr zu Herzen reden.
Dort wird sie meine Liebe erwidern wie damals,
als sie jung war, als sie aus Ägypten kam ...
Wenn das geschieht, wirst du mich deinen Mann nennen ...
Ich schließe die Ehe mit dir für alle Zeiten;
mein Brautgeschenk für dich sind meine Hilfe und mein Schutz,
meine Liebe, mein Erbarmen
und meine unwandelbare Treue.
Du wirst erkennen, wer ich bin – ich, der Herr
(aus Hosea 2,16-22; GNB).

Erkennen Sie Gottes Versuch, sein Volk zu einem Join-up, zu einem neuen Vertrauensverhältnis einzuladen?

Auch Jesus wollte sein Volk für einen Join-up gewinnen:

Kommt zu mir, all ihr Geplagten und Beladenen: Ich will euch erquicken. Nehmt mein Joch auf euch und lernt von mir, denn ich bin sanft und demütig; und ihr werdet Ruhe finden für eure Seele. Denn mein Joch drückt nicht, und meine Last ist leicht (Matthäus 11,28-30).
Jerusalem, Jerusalem, die du tötest die Propheten und steinigst, die zu dir gesandt sind! Wie oft habe ich deine Kinder sammeln wollen wie

eine Henne ihre Küken unter ihre Flügel, und ihr habt nicht gewollt (Lukas 13,34).

Jedes Mal, wenn Sie Ihr Vertrauen Jesus gegenüber verloren haben; wenn Unsicherheiten und Misstrauen Sie dazu bewogen, Gott den Rücken zuzukehren, geht er Ihnen nach und lädt Sie zu einem Join-up ein. Werden Sie wieder Vertrauen fassen und ihm erneut nachfolgen?

Goldstück 4:
Chuzpe – die freche Zuversicht inmitten von Not

Das Judentum kennt eine besonders faszinierende Form, seinen Glauben auszudrücken. Gerade angesichts größter Angst und Not vermag der Glaubende manchmal die erschreckende Situation mit einer besonderen Art des Mutes und der Entschlossenheit zu überwinden. Egal, was es kostet; in diesem Moment setzt er verwegen alles auf eine Karte und ist wild entschlossen, alles für Gott zu wagen. Im Jiddischen nennt man dieses Verhalten »Chuzpe«. »Chuzpe« steht für eine bestimmte Form von Frechheit.[31] Sie bezeichnet eine durchaus nachahmenswerte Form der Unverschämtheit.

Es gibt im alttestamentlichen Buch Daniel eine Geschichte, in der eine solche Chuzpe im Glauben, eine auf die Spitze getriebene Verwegenheit, sichtbar wird. Drei im babylonischen Exil lebende jüdische Männer, Schadrach, Meschach und Abed-Nego, weigern sich standhaft, den dortigen Göttern die vom König verlangte Ehre und Anbetung zu erweisen. Sie wollen niemand anderen als den Gott Israels anbeten. Zur Strafe will sie König Nebukadnezar in einen Feuerofen werfen. Er rechnet natürlich

---

31 Childs, *Theologie der einen Bibel*, Seite 325f.

damit, dass die Männer bei dieser Drohung vor lauter Angst ihre Meinung ändern und sich von ihrem Glauben lossagen. Denn, so fragt sie Nebukadnezar listig: *»Welcher Gott sollte euch dann vor mir schützen?«* Doch, was tun sie? Erfüllt von der Verwegenheit ihres Chuzpe-Glaubens, erwidern sie Nebukadnezar keck:

»Wir haben es nicht nötig, dir etwas darauf zu antworten. Unser Gott, dem wir gehorchen, kann uns zwar aus dem glühenden Ofen und aus deiner Gewalt retten; aber auch wenn er das nicht tut: Deinen Gott werden wir niemals verehren und das goldene Standbild, das du errichtet hast, werden wir nicht anbeten« (Daniel 3,16-18; GNB).

Chuzpe-Glaube ist ein Vertrauen, das bis zum Äußersten geht. Egal, was es kostet; ob es Rettung bringt oder nicht, ob es Leben zur Folge hat oder Tod: Der Glaubende hält an seinem Gott fest und lässt sich nicht mehr von ihm abbringen. Er wagt es sogar, seinem drohenden Gegenüber mutig zu widersprechen.

Von einem solchen Chuzpe-Glauben erfüllt waren auch die Rabbiner in der folgenden chassidischen Geschichte:

»In einer der Baracken von Auschwitz beschlossen seinerzeit die übriggebliebenen Mitglieder eines Rabbinatsgerichts, als Zeugen des Schreckens, der hier den Juden widerfuhr, nun deswegen Gott selbst den Prozess zu machen. Im Morgengrauen wurde das Urteil verkündet: Wegen der ungeheuerlichen Unterlassungen, die er sich an seinen Kindern hat zuschulden kommen lassen, wird der Heilige, gelobt sei er, mit sofortiger Wirkung aus ihrer Gemeinschaft ausgestoßen! – Es war, als hielte der Kosmos den Atem an. ›Kommt‹, seufzte dann schließlich der Rabbi, ›und jetzt gehen wir beten.‹« [32]

---

32 Chassidische Erzählung, aus: H.A. Gornik (Hrsg.): *Tag- und Nachtgedanken: Ein Brevier durch das Jahr.* Herder: Freiburg 1987, Seite 210.

Das ist Chuzpe! Sie geht bis an die Grenze der Kühnheit und Unverschämtheit – selbst Gott gegenüber. Letztlich aber hält sie trotz allem an ihm fest, egal, was geschieht. Auch Jesus hat Geschichten erzählt, in denen Menschen eine vergleichbare Art von Unverschämtheit an den Tag legen. Für Jesus waren sie Vorbilder im Blick auf den Umgang mit Gott, man denke etwa an das Gleichnis von der hartnäckigen Witwe in Lukas 18,1-8. Er schließt diese Geschichte mit den Worten: *»Wird der Menschensohn, wenn er kommt, den Glauben antreffen auf Erden?«* (Vers 8).

Lassen Sie uns in unserem Glauben ruhig etwas mehr Chuzpe an den Tag legen! Gott freut sich darüber!

Hinter uns liegt eine kleine Schule des Vertrauens. In diesem zweiten Teil haben wir intensiv über die verschiedenen Bezeichnungen und Formulierungen nachgedacht, welche die Bibel im Zusammenhang mit dem Thema Glauben verwendet.

Wir sahen, dass die Bibel uns dazu einlädt, den Verheißungen Gottes zu trauen und unser Leben erwartungsvoll auf sie auszurichten.

Wir haben entdeckt, dass nicht die Größe unseres eigenen Glaubensvermögens vor Gott zählt. Entscheidend ist vielmehr die Größe des Gottes, an den wir glauben. Ihm zu vertrauen macht den Glauben groß.

Schließlich haben wir ein paar Goldstücke gesammelt und gesehen, dass Schlafen ein tiefer Ausdruck von Vertrauen sein kann. Wir ließen uns inspirieren, im Durativ, also anhaltend zu glauben; uns von Gott zu einem Join-up einladen zu lassen und darin schließlich eine Portion Chuzpe, also waghalsige Zuversicht Gott gegenüber, an den Tag zu legen.

Damit sind wir beim dritten und letzten Teil dieses Buches angelangt. Bisher ging es darum, wie die Bibel Glaube und Vertrauen beschreibt, worin er besteht und wie er beschrieben werden kann. Nun möchte ich Ihnen aufzeigen, womit ein solcher Glaube im Alltag konkret rechnen kann und auch soll. Ich werde Ihnen fünf zentrale Absichten vorstellen, die Gott mit uns verfolgt. Verlassen Sie sich darauf: Gott ist verlässlich!

1. Sie können sich darauf verlassen, dass Gott Ihnen bereitwilliger seine Gnade schenkt, als Sie das oftmals für möglich halten.
2. Sie können sich darauf verlassen, dass Gott in allen Umständen Ihres Lebens am Werk ist.
3. Sie können sich darauf verlassen, dass es keinen Augenblick gibt, an dem Gott nicht für Sie im Einsatz ist.
4. Sie können sich darauf verlassen, dass selbst dort nicht alles zu Ende ist, wo Ihr Vertrauen zerbricht.

5. Sie können sich darauf verlassen, dass bei Gott die Lebensgeschichten seiner Kinder schlussendlich zu einem guten Ende
   kommen.

Ich wünsche mir, dass in diesem letzten Teil Ihre Erwartung in
Gottes großartiges Handeln in Ihrem Leben geweckt wird.

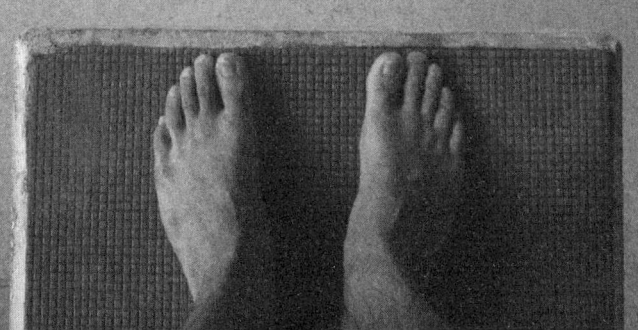

Teil 3

WORAUF DU DICH VERLASSEN KANNST

Gottes Gnade trauen

Wenn Sie mich fragen würden, welcher Zusage Gottes Christen meiner Meinung nach am wenigsten trauen, dann würde ich antworten: der Zusage der Gnade! Das mag seltsam klingen, ist die Gnade doch *das* Kernstück des Evangeliums. Unzählige Bücher wurden darüber geschrieben. Die Bibel strotzt geradezu vor sich ständig wiederholenden Variationen dieses einen großen Themas: Gott schenkt uns seine Zuwendung bedingungslos, unverdient und ohne Rücksicht auf unser Vermögen bzw. Unvermögen, seinem Standard zu entsprechen.

Natürlich – praktisch alle Christen bestätigen das. Wenn es jedoch konkret um ihr eigenes Leben geht, dann fällt es vielen schwer, die Gnade in ihrer ganzen Reichweite für sich selbst gelten zu lassen. Nur wenige trauen ihr, wenn sie gerade Mist gebaut haben. Viele, zu viele, nehmen sich in irgendeiner, manchmal sehr subtilen, kaum erkennbaren Weise von der Gnade aus. Und nur allzu oft gehöre ich selbst zu ihnen …

Das Codewort der Gnade

Einer meiner Lieblingsabschnitte in der Bibel steht im 14. Kapitel des Markusevangeliums. Jesus hat mit seinen Jüngern gerade zum letzten Mal vor seinem Tod gegessen und mit ihnen das Abendmahl gefeiert. Nun macht er sich auf den Weg nach Gethsemane. Dort wird er festgenommen, dem Hohen Rat und Pilatus vorgeführt und dann außerhalb Jerusalems ans Kreuz geschlagen werden.

Unmittelbar nach diesem letzten ungestörten Zusammensein mit seinen Jüngern heißt es:

Dann sangen sie die Dankpsalmen und gingen hinaus zum Ölberg.
Unterwegs sagte Jesus zu ihnen: »Ihr werdet alle an mir irrewerden,

denn es heisst: ›Ich werde den Hirten töten und die Schafe werden aus-einanderlaufen.‹ Aber wenn ich vom Tod auferweckt worden bin, wer-de ich euch vorausgehen nach Galiläa« (Markus 14,26-28; GNB).

Als Petrus Jesus so reden hört, widerspricht er vehement: »Selbst wenn alle von dir weglaufen, ich auf keinen Fall!« Doch Jesus weiß mehr von Petrus als dieser von sich selbst. Er antwortet: »Heute Nacht wirst du den Hahn dreimal krähen hören. Noch bevor das geschieht, wirst du mich dreimal öffentlich verleugnet haben.« Petrus und auch die anderen Jünger sind empört: »Wie kannst du so von uns denken! Das werden wir niemals tun!« (siehe Verse 29-31).

Einige Stunden später haben sich die inbrünstigen Beteuerungen der Jünger in Luft aufgelöst. Petrus kauert wie ein geschlagener Hund in einer dunklen Nische Jerusalems und weint hemmungslos. Er hat Jesus tatsächlich dreimal nacheinander verleugnet! Er kann es einfach nicht fassen.

Noch erinnert er sich nicht an diesen einen Satz, den Jesus ihm im Vorfeld für genau diesen Moment zugesprochen hat und der ihm in dieser bitteren Stunde Hoffnung geben könnte: *Ich werde euch nach Galiläa vorausgehen!*

Es ist dieser Satz, den Jesus unmittelbar vor den erschüttern-den Ereignissen sagte, der mir jedes Mal, wenn ich ihn lese, einen Schauer über den Rücken jagt: *Ihr werdet alle an mir irrewerden … und auseinanderlaufen. Aber wenn ich vom Tod auferweckt worden bin, werde ich euch vorausgehen nach Galiläa!*

Es sind wenige Worte, aber sie enthalten eine unglaubliche, völlig unerwartete Zusage: »Ihr werdet mich im Stich lassen. Davonlaufen. Mich verleugnen. Mir die Treue aufkündigen. An mir schuldig werden. Doch schon jetzt sollt ihr wissen: *Ich* werde es nicht tun. Ich bleibe euch treu. Deshalb werde ich in Galiläa wieder auf euch warten. Ich will, dass unser gemeinsamer Weg weitergeht. Ich werde euch vergeben – ich habe euch schon ver-geben, bevor ihr an mir schuldig werdet, ja, bevor ihr selber wisst und glaubt, dass ihr an mir schuldig geworden seid. Ich erwarte euch in Galiläa. Nicht, um euch die Leviten zu lesen, sondern um den angefangenen Weg mit euch fortzusetzen. Wir werden gemeinsam dort anknüpfen, wo wir hier bei unserem letzten gemeinsamen Essen stehen geblieben sind: Ich werde euch weiter auf die großen Aufgaben im Reich meines Vaters vorbereiten, zu denen ich euch gerufen habe.«

Fisch zum Frühstück – noch ein Codewort der Gnade

Im Johannesevangelium, Kapitel 21, können wir nachlesen, dass Jesus seine Jünger nach seinem Tod und seiner Auferstehung in Galiläa tatsächlich erwartet. Die Jünger sind nach all den Ereignissen rund um die Passion geknickt, frustriert und am Boden zerstört. Am meisten wohl über ihr eigenes Versagen und ihre Untreue. Aber auch über den Tod ihres Meisters, welcher das Ende all ihrer Hoffnungen darstellt. In ihrer Frustration wissen sie nichts anderes zu tun, als fischen zu gehen. Es ist ein hilfloser Versuch, irgendwie wieder dort anzuknüpfen, wo sie vor drei Jahren aufgehört haben, bevor Jesus kam und sie zu sich rief.

Aber auch diesmal – wie schon damals – wartet Jesus am Ufer des Sees auf sie. Er hat bereits ein Feuer gemacht. Darauf brutzeln Fische. Vom Strand her ruft er die Jünger zu sich. Sie haben erst kurz davor realisiert, wer er ist. Dann auf einmal durchfährt es Petrus wie ein Blitz: Was hatte Jesus zu ihnen gesagt, bevor sie sich in jener Nacht aus den Augen verloren? *Ich werde euch nach Galiläa vorausgehen!* Sofort zieht er seine Jacke an und hechtet ins Wasser. Die anderen Jünger folgen ihm mit ihrem Boot voller Fische. Sie kommen zögernd an Land. Ist er es wirklich? Jesus nickt ihnen aufmunternd zu und lädt sie zum Frühstück am Strand ein, verteilt Brot und Fisch. Und dann essen sie zusammen. Die ersten Bissen vorsichtig, beinahe misstrauisch kauend, immer wieder verstohlen zu Jesus blickend. Als sie sehen, wie herzhaft er schon den zweiten Fisch verspeist, greifen auch sie mutiger zu. Langsam löst sich ihre Anspannung.

Wissen Sie, was es im antiken Orient bedeutete, mit jemandem zusammen zu essen? Es war immer ein Zeichen der Freundschaft und der Versöhnung. Wenn ein Konflikt beigelegt war, aß man zusammen. Dadurch wurde deutlich: »Wir sind miteinander im Reinen. Es steht nichts mehr zwischen uns.« Es war undenkbar, dass verfeindete, zerstrittene Menschen miteinander ein Mahl teilten. Nur Versöhnte setzten sich zusammen an die gleiche Tafel. Das Fischfrühstück, das Jesus seinen Jüngern bereitet, drückt aus: »Ihr habt mich verlassen – doch lasst uns das vergessen. Ihr habt mich verleugnet – doch das ist vergeben. Das habe ich am Kreuz in Ordnung gebracht. Ja, schon beim Abendmahl damals, mit Brot und Wein, habe ich zwischen euch und mir das Zeichen der Vergebung aufgerichtet, egal, was kommen mag.« Das ist die überwältigende Botschaft, die hinter diesem Fischfrühstück in Galiläa steckt.

Doch das ist noch nicht alles. Als alle satt sind, nimmt Jesus Petrus beiseite und vertraut ihm die größte Würde und Verantwortung an, die es für ihn geben kann. Er bittet ihn, in Zukunft für die Menschen das zu sein, was bisher Jesus für sie war: ein versorgender Hirte. Dreimal fordert er ihn auf: *Weide meine Schafe!* (siehe Johannes 21,15-17). Erkennen Sie die verstohlenen Tränen in den Augen von Petrus, während Jesus so mit ihm spricht? Diesmal sind es Tränen der Dankbarkeit und des unfassbaren Staunens über die Gnade, die er hier zugesprochen bekommt.

Es tut mir leid um einen Menschen, der diesen Moment dort am Ufer des Sees Genezareth verpasste: Judas Iskariot, den Jünger, der Jesus verriet. Er war bereits an jenem Abend zu seiner Untat aufgebrochen, als Jesus den Jüngern das Codewort der Gnade mitgegeben hatte, das sie erst nach seinem Tod verstehen würden: *Ich werde euch nach Galiläa vorausgehen!*

Ich bin immer wieder neu fasziniert, wenn ich mir diese Geschichte vor Augen halte, angefangen von Markus 14 und dem Satz von Jesus: *Ich werde euch nach Galiläa vorausgehen*, über diese Begegnung, wie sie hier ein paar Tage später am See stattfindet.

Die Passion Christi ist von zwei Versöhnungsmahlzeiten eingerahmt. Bei der zweiten setzt Jesus seine schuldig gewordenen Jünger wieder in ihre Würde und ihre Aufgabe ein. Was für eine Gnade sprüht aus diesen Zeilen! Welch abgrundtiefe Liebe und Vergebung pulsieren hier in jedem Satz! Ich kann es kaum glauben, dass Jesus nach dieser massiven Enttäuschung so mit ihnen umgeht. Dafür gibt es nur eine einzige Erklärung: Gnade! Gnade, Gnade, Gnade! In den tiefsten Abgrund hinabreichende und zum höchsten Himmel hinaufragende Gnade. Totaler Erlass von jedem Funken Schuld und Versagen. Ist das nicht unglaublich?

Wir Christen glauben, dass die Bibel uns die entscheidenden Wahrheiten über Gott und den Glauben vermittelt. Aber nur wenige von uns trauen der Gnade. Oder bloß in der Theorie. Sobald wir mit unserem eigenen Versagen konfrontiert sind, melden sich Zweifel.

Gnade am eigenen Leib erfahren

Es ist einige Jahre her, als ich meine bisher tiefste Erfahrung mit Gottes unbegreiflicher Gnade machte.

Nach einigen schmerzhaften Grenzerfahrungen suchte ich Hilfe bei einem Mentor. Schon früher hatte ich regelmäßig Beratung wegen derselben Problematik in Anspruch genommen. Doch diesmal tat ich etwas Neues. Gleich zu Beginn unserer ersten Begegnung sagte ich zu meinem Berater: »Ich möchte herausfinden, was mich pausenlos antreibt, sodass ich mich immer wieder bis zur Erschöpfung verausgabe. Ich will verstehen, was unter der Oberfläche meines Lebens schlummert, und ich will daran arbeiten. Können Sie mir dabei helfen?«

Es war mir so ernst wie noch nie zuvor. Ich war entschlossen, auch unangenehmen Themen nicht auszuweichen. Zum ersten Mal war ich bereit, alles auf den Tisch zu legen, was nötig war, um an diesem Punkt weiterzukommen. Meine Situation erforderte es. Ich hatte es satt, dass sich die Spirale so erbarmungslos weiterdrehte.

Es folgte ein mehrere Monate dauernder Prozess, der mich enorm forderte. Mein Berater stellte mir unangenehme Fragen bezüglich meiner verborgenen Sehnsüchte und Motive. Er leuchtete hinein in die tieferen Schichten meines Herzens und in den verborgenen Motor hinter meinem grenzenlosen Engagement »für Gott«. Manchmal brachte ich meine Antworten auf seine Fragen fast nicht über die Lippen. So unangenehm war mir die Wahrheit. Es stellte sich heraus, dass ein wesentlicher Teil von meinem Einsatz für Gott von einem tiefen Bedürfnis nach Bestätigung und Anerkennung genährt war. Mein Selbstbild geriet ins Wanken. Schonungslos wurde ich auf einmal mit zweifelhaften Motiven für meine Arbeit konfrontiert. Der Thomas Härry, den ich da kennenlernte, war weit weniger geistlich, hingebungsvoll, selbstlos und integer, als ich es mir bis dahin hatte einreden können. Mein geschöntes Selbstbild begann zu bröckeln – Faules und Ungesundes kamen ans Licht.

Ich erinnere mich, wie niedergeschlagen ich von einem dieser Gespräche nach Hause kam. Ich war wieder mit ein paar wenig schmeichelhaften Offenbarungen über mich selbst konfrontiert worden. Erschrecken und Enttäuschung lähmten mich angesichts der Tatsache, dass sich in mir solch zweifelhafte Kräfte tummelten. Inmitten dieser Grübeleien gab mir Gott auf einmal einen überraschenden Gedanken ins Herz. Es war, als hörte ich ihn leise flüstern: »Du bist jetzt überrascht, weil du dich zum ersten Mal so siehst, wie du wirklich bist. Du erkennst auf einmal, wie viel Sünde und fehlgeleitetes Denken in dir schlummern. Aber weißt du was? Für mich ist das nichts Neues! Ich weiß schon lange davon. Dein Inneres lag all die Jahre offen vor mir. Was dich hier erschreckt, hat mich keinen Moment daran gehindert, dich zu segnen und durch dich mein Reich zu bauen. Daran wird sich auch in Zukunft nichts ändern. Was ich durch dich tue, beruht auf Gnade, nicht auf deiner Leistung!«

Das war ein Schlüsselmoment auf meiner Glaubensreise. Es war der Augenblick, in dem ich so klar wie noch nie zuvor begriff, was Gnade ist. In all den Jahren, in denen ich vieles aus zweifelhaften Motiven angepackt hatte und mich von einem unreifen Herzen antreiben ließ, ließ es sich Gott nicht nehmen, durch mich sein Reich zu bauen und Menschen zu inspirieren. Er tat es aus einem einzigen Grund: weil er gnädig ist und gnädig bleibt. An diesem Tag, an dem mein Herz das sah, weinte ich zum ersten Mal in meinem Leben Tränen der Dankbarkeit. Darüber, dass mich ein Gott zu seinem Freund gemacht hat, der so unbegreiflich gnädig zu mir ist. Noch heute, viele Jahre später, stehe ich staunend vor der Tatsache, dass ich einem solchen Gott gehören darf.

Den eigenen Abgrund nicht fürchten

In meiner Tätigkeit als Lehrer, Pastor und Mentor begegne ich regelmäßig Menschen, denen ich eine tiefe Erfahrung der Gnade Gottes wünsche. Einige von ihnen haben vorsichtig damit begonnen, sich mit den unschönen Seiten unter der Oberfläche ihres Lebens auseinanderzusetzen. Zögerlich lassen sie die Wahrheit über sich selbst zu. Sie beginnen, ihren Ängsten einen Namen zu geben, die wirklichen Gefühle und Motive ihres Handelns zu benennen. Dann kommt aber oft und unvermittelt der Moment, wo sie diesen Prozess abbrechen. Weshalb? Ihr Boden beginnt zu wackeln. Ihr Selbstbild bekommt Risse. Ihr Fundament erweist sich an einigen Stellen als morsch und faul. Aus Angst, zu verlieren, was sie bisher gehalten hat, und auch davor, nach außen ohne Klarlack dazustehen, stülpen sie schnell einen Deckel über ihre unschöne Innenwelt und machen weiter wie bisher. Und erlauben so den ungelösten Mustern und fragwürdigen Sehnsüchten in den Tiefen ihrer Seele, weiterhin ihr Unwesen zu treiben.

Weshalb brechen Menschen den Prozess ab, der ihnen Heilung und Erneuerung bringen könnte? Meine Vermutung: Sie trauen der Gnade nicht! Sie können nicht glauben, dass es für das Hässliche, Kaputte und Selbstbezogene in ihrem Leben Gnade geben kann. »Die Verheißung der unbedingten Gnade, die hinter dem Satz von Jesus *Ich werde euch nach Galiläa vorausgehen* steht, galt vielleicht den zwölf Jüngern damals, aber sie gilt sicher nicht mir«, so denken sie. Und so vertuschen sie alles Hässliche in ihnen. Reden sich ein, dass ja alles nur halb so schlimm ist. Leben in ihren alten Mustern und Sünden weiter.

Würden sie der Gnade trauen, bräuchten sie die Wahrheit über sich nicht zu fürchten. Sie könnten sich ihr stellen, sie benennen und bekennen; könnten dadurch Heilung und Veränderung erfahren.

Wie geht es Ihnen, wenn es um die Gnade geht? Können Sie Gottes Barmherzigkeit über den Schatten und Wirrungen Ihres Lebens gelten lassen oder gewähren Sie sich weniger Vergebung, als Gott selbst es tut?

Sie sollten wissen – und ich hoffe, Ihr Herz kann an dieser Stelle vertrauen: Es gibt immer mehr Gnade bei Gott, als es Sünde gibt – bei mir und bei Ihnen! *Immer!* Das heißt nicht, dass wir nachlässig mit der Gnade umgehen sollen. Dass wir sie als Feigenblatt für unsere Unmöglichkeiten missbrauchen, um uns nicht verändern lassen zu müssen. Das meine ich nicht. Wenn es aber immer mehr Gnade bei Gott gibt als Sünde bei mir, dann gibt es niemals einen Grund, mich selbst von der Gnade auszuschließen. Dann gibt es niemals einen Grund, Unschönes in meinem Leben aus Angst und Scham vor Gott zuzudecken.

Trauen Sie der Gnade und lassen Sie sie hinab in die tiefsten und dunkelsten Winkel Ihres Herzens! Es gibt keine Heilung für das, was man versteckt. Auch in Ihnen kann nur heil werden, was vom Licht der Gnade beschienen wird. Reißen Sie den Vorhang auf und trauen Sie der Gnade!

Gnädig und barmherzig ist der Herr, langmütig und reich an Gnade (Psalm 145,8).

Haben Sie gewusst, dass sich dieser Satz in allen Teilen unserer Bibel wiederfindet? Er steht so oder in leicht veränderter Wortwahl in der Thora (den Mosebüchern), in den Geschichtsbüchern des Alten Testaments, in den Weisheitsbüchern und in den Propheten. Und er kommt mehrmals im Neuen Testament vor.[33] Es gibt nur einen Grund für die strategische Verteilung dieser Zusage in allen Hauptteilen der Bibel: Gott wollte, dass wir immer wieder über sie stolpern. Er wollte, dass wir einer Sache wirklich trauen: seiner unbegreiflichen Gnade!

---

33 Hier nur die wichtigsten Stellen: 2. Mose 34,6; Nehemia 9,31; 2. Chronik 30,9; Psalm 103,8; Klagelieder 3,22; Joel 2,13; Jona 4,2; Römer 3,24; Epheser 2,4; Hebräer 4,16; 2. Johannes 3.

Gottes Führung und Vorsehung trauen

Meine älteste Tochter und ich hatten beschlossen, in irgendeiner Stadt Europas ein gemeinsames Papa-Tochter-Wochenende zu verbringen. Jede unserer drei Töchter darf sich zum 18. Geburtstag eine Städtereise aussuchen und entscheiden, ob Mama oder Papa Reisebegleiter (und Gepäckträger!) sein sollen. Unsere Älteste entschied sich für Berlin (und für den Papa!). Als das klar war, begannen wir mit den Vorbereitungen: Wir suchten einen günstigen Termin und strichen ihn in unserer Agenda dick an. Dann buchte ich einen Flug und eine Übernachtungsmöglichkeit in einem Hotel. Je näher die Städtereise kam, umso mehr wuchs unsere gemeinsame Vorfreude. Wir diskutierten, was wir uns in Berlin alles ansehen wollten. Und wir merkten schnell: Die Möglichkeiten sind grenzenlos! Wir trugen Ideen zusammen, trafen Entscheidungen, verwarfen die meisten wieder und zogen neue Optionen in Erwägung. Schließlich sagten wir uns: »Ach was, wir planen nicht so detailliert. Wir legen nur das Wichtigste fest und entscheiden dann vor Ort, was wir uns darüber hinaus noch ansehen wollen.«

Zum »Wichtigsten«, das wir im Vorfeld planten, gehörte, dass Valérie in Berlin mal richtig shoppen gehen wollte. Außerdem wollten wir zum Holocaust-Mahnmal und uns auch zwei, drei Dinge zur DDR ansehen. Und: Ich wollte meiner Tochter die größte Buchhandlung zeigen, die ich je gesehen habe (ich weiß, es war *ihr* Wochenende, aber das *musste* einfach sein ...!). Schließlich traf ich noch eine letzte Vorbereitung: Ich kaufte uns ein Berlin-Notizbuch, in dem man Eindrücke, Sehenswürdigkeiten, Erlebnisse und Kuriositäten festhalten kann.

Der Tag X kam – wir flogen nach Berlin. Kaum angekommen, zogen wir los – erst mal zum Alexanderplatz. Als meine Tochter dort ein *Dunkin Donuts*-Geschäft sah, gab es kein Halten mehr. Sie führte mich in die Welt leckerer Donuts ein. Als sie gleich daneben ein *Kentucky Fried Chicken*-Restaurant entdeckte, war auch schon klar, wo wir am nächsten Tag essen würden. Sie merken: Hier wurde das Verpflegungsprogramm weitgehend nach dem Geschmack eines (fast erwachsenen) Teenagers gestaltet – was mir einige durchaus nicht unangenehme kulinarische Neuentdeckungen bescherte …

Und so gestalteten wir die nächsten drei Tage: Wir hielten uns zwar an die wenigen im Voraus festgelegten Pläne, gestalteten dann aber vor Ort vieles spontan und machten so allerhand unerwartete Entdeckungen. Nach vier Tagen Berlin sanken wir erschöpft und friedlich auf unseren Sitz im Bus, der uns wieder zum Flughafen brachte.

Diese Reise mit meiner ältesten Tochter kam mir wieder in den Sinn, als ich dieses Kapitel zu schreiben begann. Sie bietet eine schöne Illustration für die Art und Weise, wie Gott uns durchs Leben führt. Denn genau darum geht es in diesem Kapitel: um die geheimnisvolle Weise, wie Gott uns inmitten unserer Lebensumstände vorausschauend und vorsorgend begleitet. Dabei zeigt sich uns eine besonders faszinierende und tröstliche Seite unseres Glaubens. Wie Gott unser Leben manchmal still und manchmal wahrnehmbar lenkt, gibt uns einen besonders starken Anlass, ihm zu vertrauen – egal, wie unsere persönliche Situation gerade aussieht.

Einen verlorenen Schatz neu entdecken

Gottes Vorsorgen, Fürsorgen, Planen, Gestalten und Lenken durchzieht nicht nur die ganze Schöpfung und seinen Weg mit der Menschheit. Es gilt uns auch persönlich. Unsere christlichen Vorfahren sprachen dabei von der »Vorsehung Gottes«. Dieser Begriff ist heute nicht mehr geläufig. Vielleicht deshalb, weil er oft missbraucht und falsch gedeutet wurde. Adolf Hitler beispielsweise bezeichnete es als Zeichen der »Vorsehung Gottes«, dass er dem deutschen Volk als Führer gegeben war. Das und andere Fehldeutungen führten dazu, dass man dieses Wort zu meiden begann. Leider verlor man damit eine der großen Kostbarkeiten des Glaubens aus den Augen. Für mich persönlich war die Wiederentdeckung der Vorsehung Gottes ein Highlight auf meinem Glaubensweg. Es hilft mir, mein Leben, meinen Alltag und was mir darin an Schönem oder Schwerem widerfährt, mit neuen Augen zu sehen. Das Wissen um Gottes Vorsehung gibt meinem Vertrauen in Gott enormen Auftrieb.

> Das Wissen um Gottes Vorsehung gibt meinem Vertrauen in Gott enormen Auftrieb.

Das Wort »Vorsehung« in Bezug auf Gottes Handeln an uns kommt in der Bibel so nicht vor. Der dahinterstehende Gedanke, dass Gott uns vor- und fürsorgend begleitet, durchzieht jedoch unzählige ihrer Geschichten und Kapitel:

- Als Gott Abraham zum Aufbruch ruft, da weiß dieser noch nicht, wohin genau die Reise geht und wie er sein Ziel erreichen soll. Nur Gott weiß es und sagt zu ihm: *»Zieh in das Land, das ich dir zeigen werde«* (1. Mose 12,1). Gott kennt den Weg und er kennt das Ziel. Er selbst wird dafür sorgen, dass Abraham nicht in die Irre geht.

- Ein paar Jahre später klettert derselbe Abraham auf den Berg Moria, an der Hand sein einziges Kind Isaak. Etwas Ungeheures wird von ihm verlangt: Er soll seinen Sohn opfern. Oben angekommen, nimmt die Geschichte eine Wende. Gott hat vorgesorgt: In einem Strauch hat sich ein Widder mit seinen Hörnern verfangen – Abraham soll diesen opfern, nicht seinen Sohn. Gott sorgt also im letzten Moment dafür, dass die Ereignisse einen neuen Lauf nehmen und Unheil abgewendet wird.

- Der Junge Josef wird von seinen Brüdern an Händler verschachert, die ihn nach Ägypten bringen. Eine insgesamt gemeine, verworrene, scheinbar sinnlose Geschichte. Doch mitten in diesen Umständen behält Gott die Kontrolle. Mehrmals heißt es im Bibeltext: *Der Herr war mit Josef* (1. Mose 39,2.3.21.23). Er begleitet Josef in der Fremde und gebraucht später gerade ihn, um die ganze Familie seines Vaters vor dem sicheren Hungertod zu retten. In menschlichen Ränkespielen behält Gott die Kontrolle und lässt aus Gemeinheit Gutes entstehen.

- In einer großen Dürrezeit flieht der Prophet Elia in die Wüste. Gott führt ihn an einen Bach. Er schickt einen Raben, der ihn tagelang mit Brot und Fleisch versorgt. Als die Quelle versiegt, führt er ihn weiter zu einer Witwe, die ihr Weniges mit ihm teilt. Gott kümmert sich um Elia und versorgt ihn rechtzeitig mit dem Nötigen.

- Im Neuen Testament macht auch Jesus eine Wüstenerfahrung. Am Ende dieser vierzig Tage dauernden Prüfungszeit erlebt er Gottes Stärkung und Versorgung: »… *und die Engel dienten ihm*« (Markus 1,13). Gott wacht während dieses Härtetests über seinem Sohn und gibt ihm rechtzeitig die Ermutigung, die er braucht.

- Immer wieder sagt Jesus seinen Jüngern, dass Gott ihre Bedürfnisse kennt. Er sieht ihre Umstände; sie sind ihm nicht egal: »*Gott weiß, was ihr braucht, noch ehe ihr ihn bittet*« (Matthäus 6,8); »*Kein Spatz fällt zu Boden, ohne dass euer Vater bei ihm ist. Bei euch sind sogar die Haare auf dem Kopf alle gezählt*« (Matthäus 10,30). Gott verspricht den Jüngern, dass er sich konkret um sie kümmert, denn er kennt jedes Detail ihrer Situation. Er weiß genau, was sie in jedem Moment brauchen.

- Als der Apostel Paulus zur zweiten Missionsreise aufbricht, werden seine Pläne mehrmals durchkreuzt. Gott selbst hindert ihn daran, in ein bestimmtes Gebiet zu reisen. Er hat etwas anderes vorbereitet und führt ihn durch eine Vision nach Europa (siehe Apostelgeschichte 16,6-10). Gott lenkt, korrigiert, spricht – im richtigen Moment und am rechten Ort.

- In seinen Briefen bezeugte Paulus kurze Zeit später, dass Gott die Umstände unseres Lebens so fügt und lenkt, dass sie schlussendlich den guten Absichten Gottes für uns dienen (siehe Römer 8,28). Schon vor Bestehen der Welt hat er die Werke vorbereitet, in die er uns heute hineinruft (siehe Epheser 2,10). Unser Lebensweg ist vor Gott ausgebreitet. Er fügt die Einzelteile so zusammen, dass er mit uns ans Ziel kommt.

- Der berühmteste aller Psalmen bezeugt voll Zuversicht: »*Er leitet mich auf Pfaden der Gerechtigkeit um seines Namens willen*« (Psalm 23,3). Vor uns, hinter uns, neben uns begleitet uns Gott als guter Hirte durch die Höhen und Tiefen unseres Lebens und gibt auf jeden unserer Schritte acht.

> Wenn er uns führt, greifen zwei Dinge geheimnisvoll ineinander: Er bringt uns zwar absichtsvoll ans Ziel, gleichzeitig gibt er uns unterwegs viel Gestaltungsfreiraum.

Diese und viele weitere Passagen der Bibel erinnern uns daran, dass Gott das Leben seiner Kinder lenkt. In allem, auch in Widerwärtigkeiten, begleitet uns seine ordnende, vorausschauende, vorsorgende Gegenwart. Gott gestaltet unseren Weg und führt uns sicher zu dem Ziel, das er mit uns verfolgt. Das ist es, was unsere Väter und Mütter im Glauben unter dem Wort »Vorsehung« verstanden.

Dieses lenkende Begleiten Gottes bedeutet allerdings nicht, dass uns Gott auf Details festnagelt. Er hat nicht jede Einzelheit unserer Geschichte im Voraus festgelegt und fixiert. Dann wären wir willenlose Marionetten – Gott genauso ausgeliefert wie dem sogenannten Schicksal. Unser Leben würde wie ein fertig abgedrehter Film nur noch abgespult, Gott daneben wie ein Techniker, der dafür sorgt, dass die Rolle zügig durch die Spulen läuft. Das Drehbuch längst geschrieben, die Rollen verteilt, die Kameras schon lange abgeschaltet – wir wären nichts weiter als die machtlosen Zuschauer unserer eigenen Story, der wir uns willenlos zu ergeben hätten. Nein, Gott begleitet uns anders durchs Leben. Wenn er uns führt, greifen zwei Dinge geheimnisvoll ineinander: Er bringt uns zwar absichtsvoll ans Ziel, gleichzeitig gibt er uns unterwegs viel Gestaltungsfreiraum. Er nimmt Einfluss und lenkt unser Geschick, aber er verfügt dabei nicht willkürlich über uns.

Ein Plan und doch viel Freiheit

Ich stelle mir dieses Ineinander von Absicht und Freiheit so ähnlich vor wie die Art und Weise, wie meine Tochter Valérie und ich unsere Berlinreise geplant haben. Wir haben festgelegt, wohin die Reise geht: Berlin. Es war klar, an welchen Tagen wir dort sein würden, und wir trugen das in unsere Kalender ein. Wir buchten einen Flug und ein Hotel. Außerdem definierten wir im Voraus ein paar wenige Aktivitäten, denen wir sicher nachgehen wollten. Das waren die Fixpunkte. Für alles andere blieb uns viel Gestaltungsfreiraum. Wir hatten Ideen und Wünsche. Was wir aber schlussendlich im Einzelnen taten, entschieden wir gemeinsam vor Ort. Wir gestalteten diese Tage also mit einigen konkreten Absichten und gleichzeitig mit größtmöglicher Flexibilität. Wir wollten offen bleiben für neue Möglichkeiten, die sich aus den einzelnen Situationen ergeben würden. Und genauso machten wir es. Wir verbrachten vier Tage, in denen wir uns entspannt zwischen verschiedenen Gestaltungsmöglichkeiten hin und her bewegten: zwischen geplant und flexibel gestalteten Momenten. Wir lebten absichtsvoll, aber in großer Freiheit.

So wie ich die Bibel verstehe, begleitet Gott uns auf ähnliche Weise durch unser Leben. Er kennt das Ziel, das er mit uns verfolgt. Er sorgt dafür, dass wir es auch wirklich erreichen. Falls nicht auf dieser Erde, dann sicher in der Ewigkeit, wenn er unseren Weg vollendet. Dazu wirkt er absichtsvoll und gestaltend auf unser Leben ein. Gleichzeitig legt er nicht alles sklavisch fest. Er geht mit uns einen Weg. Er schickt uns nicht auf eine fix vorgespurte Bahn, auf der jede Kurve und jede Stufe exakt und millimetergenau vorgegeben ist. Das Ziel ist zwar klar, aber nun macht er sich mit uns gemeinsam auf den Weg. Er will in Gemeinschaft mit uns unterwegs sein – das ist ihm wichtiger, als dass wir nur eine Art Parcours ablaufen. Er macht sogar unsere Umwege mit. Er ist dabei, wenn wir uns im Labyrinth des Lebens verlieren und wieder umkehren müssen. Er springt mit uns vom Felsen und tappt mit uns durch dunkle Täler und Höhlen – selbst wenn es eigentlich einen Panoramaweg gegeben hätte. Gott begleitet uns und bewegt sich mit uns. Und gleichzeitig wacht er sorgsam darüber, dass wir am Ende tatsächlich ans richtige Ziel kommen; an *sein* Ziel, das er mit uns verfolgt und das auch für uns das erfüllendste aller Ziele sein wird.

Halten Sie sich einen Moment lang Ihren eigenen Lebensweg der letzten zehn Jahre vor Augen: Können Sie sich vorstellen, dass Gott Sie in jeder Situation, die Sie erlebt haben, fürsorglich begleitet und still gelenkt hat? Oder haben Sie den Eindruck, dass Gott an einigen Schaltstellen Ihres Lebens abwesend war und Sie deshalb einsam in die Irre gingen, gefangen im Gestrüpp sinnloser Ereignisse, Fehlentscheidungen und Missverständnisse?

Der Vorsehung Gottes trauen bedeutet, in allem, was uns geschieht, daran festzuhalten, dass Gottes Auge wachsam über uns bleibt – auch wenn wir davon nichts sehen und nichts spüren. Sogar inmitten fragwürdigster Umstände sorgt er dafür, dass wir den Weg zu seinem Ziel finden. Trotz Abstürzen, Umwegen und Fehlentscheidungen.

Dietrich Bonhoeffer hat diese Zuversicht so ausgedrückt:

> *»Ich glaube, dass Gott aus allem, auch aus dem Bösesten, Gutes entstehen lassen kann und will. Dafür braucht er Menschen, die sich alle Dinge zum Besten dienen lassen.*
>
> *Ich glaube, dass Gott uns in jeder Notlage so viel Widerstandskraft geben will, wie wir brauchen. Aber er gibt sie nicht im Voraus, damit wir uns nicht auf uns selbst, sondern allein auf ihn verlassen. In solchem Glauben müsste alle Angst vor der Zukunft überwunden sein.*
>
> *Ich glaube, dass auch unsere Fehler und Irrtümer nicht vergeblich sind, und dass es Gott nicht schwerer ist, mit ihnen fertig zu werden als mit unseren vermeintlichen Guttaten.«[34]*

---

34 Dietrich Bonhoeffer: *Widerstand und Ergebung. Briefe und Aufzeichnungen aus der Haft.* Gütersloh: Gütersloher Verlagshaus, 17., aktualisierte Auflage, 2002, S. 18-19.

Diese Perspektive beinhaltet die Einladung zu einem dreifachen Vertrauen:

Zum **Vertrauen, dass Gott uns vorausgeht**: Wo wir auch hinkommen und was uns auch begegnet: Gott kennt diesen Ort und war schon vor uns da. So ergeht es Jakob, nachdem er seinen Bruder Esau betrogen hat und deswegen fliehen muss. Weit weg von zu Hause, während einer Nacht im Freien, erkennt er, dass Gott ihn schon erwartet. Er erwacht aus einem Traum, in dem Gott zu ihm spricht, und ruft erstaunt: »*Wahrhaftig, der Herr ist an diesem Ort und ich wusste es nicht!*« (1. Mose 28,16; GNB). Wo immer das Leben und unsere eigenen Irrwege uns hin verschlagen – Gott war schon vor uns da und erwartet uns.

Zum **Vertrauen, dass Gott mit uns geht**: Was uns auch widerfährt: Als seine Kinder befinden wir uns in allen Umständen in seiner Hand. Er hat sich an seine Zusage gebunden, dass uns nichts und niemand aus seiner Hand reißen kann (siehe Johannes 10,28-29).

Zum **Vertrauen, dass Gott uns nachgeht**: Wo immer wir uns im Leben verlaufen und uns selbst verlieren, Gott sucht uns, findet uns und bringt uns wieder nach Hause. Nach den Worten von Jesus ist Gott ein Hirte, der 99 Schafe, die in Sicherheit sind, für einen Moment alleine lässt, um das eine Schaf zu suchen, das sich verirrt hat (siehe Lukas 15,3-6).

Wer sich um Gottes Sache kümmert, um den kümmert sich Gott

Man könnte das bisher Gesagte missverstehen und denken, Gott mache jede Dummheit mit und biege all unsere krummen Wege wortlos so zurecht, dass es für uns wieder stimmt. Wie eine resignierte Mutter, die hinter ihrem verwöhnten Kind herräumt, was dieses beim Spielen hervorgezerrt oder beim letzten Wutanfall zu

Boden geschmissen hat. Doch so sieht Gottes ordnendes Begleiten nicht aus. Es gilt nicht denen, die sich in der Sicherheit wiegen, dass Gott schon richten wird, was sie leichtsinnig verkommen lassen. Nein, seine Vorsehung ist den Menschen verheißen, die ernsthaft mit der Frage ringen, ob Gott inmitten ihrer Umstände die Kontrolle hat und sie an ein gutes Ziel bringt. Gottes Vorsehung will die Verunsicherten trösten, nicht die Gleichgültigen beschwichtigen. Sie ist keine fromme Beruhigungspille für den Egotrip.

In seinem Buch *Vorschule des Betens* zeigt Romano Guardini, dass Gottes Vorsehung denen zugesprochen wird, denen es um Gott und sein Reich geht.[35] Er verweist dabei auf Matthäus 6, wo Jesus ausführlich davon spricht, wie Gott sich fürsorglich um das Leben seiner Kinder kümmert. So wie er die Blumen auf dem Feld und die Vögel im Himmel mit allem Nötigen ausstattet, so tut er es gegenüber uns Menschen. Doch nicht einfach so und ohne, dass es dafür einen übergeordneten Rahmen gibt. Mitten in diese herrlichen Zusagen hinein sagt Jesus:

> Was geschieht, wenn wir Gott im Zentrum haben, das alles ist dann nicht Schicksal, Zufall oder Willkür. Es wird in Gottes Hand zum Rohmaterial für all das Gute, dass er mit uns vorhat und schlussendlich auch realisieren wird.

Trachtet vielmehr zuerst nach seinem Reich und seiner Gerechtigkeit, dann wird euch das alles dazugegeben werden (Matthäus 6,33).

Wir Menschen sollen uns Gottes Anliegen, Ziele und Werte zu eigen machen. Sie die Mitte unseres Lebens sein lassen und uns auf sie konzentrieren. Wer das tut, dem verspricht Jesus, dass Gott den Rest seines Lebens ordnet, gestaltet und vorausschauend lenkt. Was geschieht, wenn wir Gott im Zentrum haben, ist dann nicht Schicksal, Zufall oder Willkür. Es wird in Gottes Hand zum Rohmaterial für all das Gute, das er mit uns vorhat und schluss-

---

35 Romano Guardini: *Vorschule des Betens.* Einsiedeln: Benziger Verlag, 1952, Seiten 187-214.

endlich auch realisieren wird. Er verlangt von uns nur eines: Wir sollen uns um sein Reich kümmern. Dann kümmert er sich um uns – in jeder Beziehung. Was uns dann begegnet und zustößt, ist durchtränkt von Gottes Sorge um unser Geformtwerden und Weiterkommen.

Von Gott geschickte Gelegenheiten und Lektionen

Guardini betont, dass dieses ordnende Wirken und Begleiten Gottes uns nicht nur getrost und vertrauensvoll macht. Es stellt uns auch vor eine Aufgabe: Es geht darum, dass wir unser Leben als einen solchen Ort erkennen, an dem Gott handelt. Das bedeutet allerdings nicht, dass er uns jeden Schritt und jede Entscheidung abnimmt. Vielmehr lässt er die Ereignisse unseres Lebens so zusammenfließen, dass sich daraus Möglichkeiten, Chancen zur Entscheidung und Schritte ergeben, die wir im richtigen Moment in Angriff nehmen können. Guardini schreibt:

>*»Das Fließende ordnet sich um mich her und blickt mich erwartungsvoll an: ›Du! Sieh her. Verstehe. Handle. Tue, was jetzt für das Werden des Gottesreiches getan werden soll …!‹ – Das ist die Situation, die Stunde, meine Stunde, in welcher der Wille Gottes für mich konkret wird. Diese Situation nehme ich in die Betrachtung hinein und suche sie zu verstehen: ›Was bedeutet sie von Gott her? Was soll ich darin?‹*
>
>*Gott will etwas, das zu seinem Reich und zu dessen Gerechtigkeit gehört. Er will es gerade von mir und gerade jetzt. Also wird Er mich auch erkennen lassen, was es ist. Wie aber? Nicht durch Erlebnisse und Erleuchtungen, sondern durch die Dinge und die in ihnen liegende Wahrheit selbst; durch den Sinn, den die Situation offenbart, sobald ich sie nicht nur aus Weltverstand und Eigenwillen heraus sehe, sondern sie vor Gott trage und in Bereitschaft für seinen Willen prüfe.«[36]*

---

36 Ebd., Seiten 195f.

Guardini weist hier auf ein zentrales Anliegen des christlichen Glaubens hin: Wenn wir unser Leben in Gottes Hände gelegt und seinem Reich zur Verfügung gestellt haben, dann bekommen alle Situationen des Lebens von Gott her eine Bedeutung. Was dann passiert, ist nicht belanglos. Ganz besonders die einschneidenden Erfahrungen, die unerklärlichen, plötzlichen, manchmal irritierenden und manchmal auch beglückenden Wendungen des Lebens können zu bedeutenden Momenten werden. In ihnen sind Lektionen enthalten, die Gott uns vor die Füße legt. Sie laden dazu ein, nach Gottes Spuren zu fragen, denn wir leben ja im Bewusstsein, »dass Gott in allem Geschehen am Werk ist«[37].

Das ist mir eine wichtige Lebensregel geworden: Was immer mir geschieht – besonders das Unerwartete, Nichtgewollte und Nichtgeplante, veranlasst mich, Gott drei Fragen zu stellen:

- Welche Wahrheit über dich, über mich oder über das Leben erschließt sich mir in dieser Situation?
- Zu welchen Schritten, Entscheidungen, Reaktionen lockst du mich in dem, was mir passiert?
- Welche neue Lektion gilt es hier für mich zu lernen? Was willst du mir zeigen, was ich bisher nicht wahrgenommen und noch nicht verstanden habe?

Gottes ordnendes Lenken meiner Lebensumstände ist also keine Einladung zur Passivität. Im Gegenteil. Es führt mich zu neuen, Perspektiven eröffnenden Schritten, Entscheidungen und Lernerfahrungen. Wie ermutigend ist das! Ich bin kein Opfer meiner Umstände. Was mir zustößt, muss ich nicht passiv, gelähmt und schicksalsergeben über mich ergehen lassen. Ich habe es immer mit Gott zu tun, der mir Lernerfahrungen über den Weg schickt. Er lenkt meinen Weg im Alltag so, dass ich vor neue Möglichkeiten gestellt werde. Er gibt mir Gelegenheiten,

---

37 Ebd., Seite 206.

Einfluss zu nehmen, Dinge zu gestalten und Verantwortung zu übernehmen:

> *»Die Vorsehung trägt dem Einzelnen in der Form der Situation die für ihn jetzt wichtigen Menschen, Dinge, Verhältnisse zu und fordert, dass er handle. Nicht aus einem abstrakten Prinzip, auch nicht aus subjektiver Willkür, sondern aus der Sinnforderung der Menschen und Dinge, wie sie jeweils sind.«[38]*

Dass Sie unter Gottes Vorsehung leben dürfen, macht Sie nicht zu einem passiven Zuschauer. Es beschert Ihnen unter der Regie Gottes vielmehr unzählige Möglichkeiten, sich für das Gute, für sein Reich und für das Wohl Ihrer Mitmenschen einzubringen.

Finden Sie das nicht auch eine beflügelnde Perspektive im Blick auf die vor Ihnen liegenden Wochen, Monate und Jahre?

Vom Drang, ungelöste Lebensrätsel zu knacken

Bedeutet dies, dass Sie künftig in all Ihren Lebensumständen Gottes offensichtlich ordnende Hand erkennen werden? Wird sich Ihnen der Sinn jeder Begegnung, jedes Zwischenfalls und jeder Lebenssituation sofort und unmissverständlich erschließen? Werden sich Ihre Lebensrätsel in lauter Lösungsperspektiven verwandeln, weil Sie in allem Gottes Spuren, sein Gestalten, Führen und Ordnen sehen?

Wir wünschen es uns manchmal. Aber es ist nicht so. Auch wenn unser ganzes Leben und alle Umstände unter Gottes Fürsorge und unter seiner Einflussnahme verlaufen – sichtbar und einsichtig ist uns das bei Weitem nicht immer. In Gottes Vorsehung leben heißt nicht, dass er jede Situation für uns ausleuchtet und uns alle Gründe und Zusammenhänge aufzeigt. Unser Leben, unsere Welt und auch Gott bleiben trotz aller Spuren

---

38 Ebd., Seite 211.

Gottes, die wir darin erkennen können, voller Geheimnisse. Wo es diese Geheimnisse nicht mehr gibt, haben wir Gott verloren. Dann haben wir ihn bezwungen und unter unsere Kontrolle gebracht. Wir sind selbst zu Gott geworden – eine Bürde, mit der wir erst einmal fertig werden müssen …

Gerade das Unerklärliche und Geheimnisvolle unseres Lebens erinnert uns daran, mit wem wir es zu tun haben: mit dem Schöpfer und Erhalter dieser Welt, den wir niemals ausloten und dem wir niemals in alle seine Karten blicken können. Es ist eine der größten Versuchungen und infolgedessen auch Not vieler Christen und Gemeinden: Wir halten es nicht mehr aus, dass die Welt, wir selbst, das Leben und Gott voller Geheimnisse stecken. Wir halten es nicht aus, dass sich uns manches nicht auf Anhieb erschließt. Wir, die wir zum Mond geflogen sind, Kontinente entdeckt, Kriege geführt, raffinierte Technologien entwickelt und geniale Erfindungen gemacht haben, wollen hinter alles kommen. Auch hinter Gott und seine geheimnisvollen Wege. Es muss doch eine Möglichkeit gehen, diesen Code zu knacken! Wir fordern auf alles eine Antwort – vor allem auf das, was in unserem eigenen Leben schiefläuft (der Rest ist uns nämlich meistens ziemlich egal). Gott hat sich uns zu erklären. Wir wollen verstehen, durchschauen und in den Griff bekommen.

Ich staune manchmal, wenn ich durch eine christliche Buchhandlung streife oder manchem bekannten christlichen Redner zuhöre. Zu jedem Lebens- und Glaubensgeheimnis gibt es ein Buch und eine Antwort. Auf jede Frage eine Bibelstelle, ein geistliches Prinzip, eine dogmatisch-stichfeste Erklärung. Und wenn wieder einmal eine Umweltkatastrophe einen Erdteil heimsucht, dann stellen auf einem anderen Erdteil (dort, wo noch alles so schön sicher und geordnet ist) ein paar Christen sofort eine Erklärung ins Internet, weshalb das passieren musste und welche biblische Prophetie sich hier ganz offensichtlich erfüllt. Manche erdreisten sich sogar, »biblisch« belegen zu können, welche Sünde diese Menschen auf sich geladen haben, für die sie nun mit einer Flutwelle oder einem Erdbeben büßen müssen. Wer auf diese Weise mit dem Leid anderer Menschen umgeht, hat vergessen, dass er sich selbst vermutlich am allermeisten vor Gottes Gericht in Acht nehmen sollte. Wer so auf andere zeigt, weiß nicht, wie brüchig der selbst gebastelte Boden ist, auf dem er meint, so sicher zu stehen.

Doch wir können es nicht lassen, hinter den Sinn und die verborgenen Ursachen jedes Schicksalsschlags und jeder Krankheit kommen zu wollen. Für jede Enttäuschung, die wir erleben, hat Gott sich zu erklären. Tut er es nicht, wälzen wir uns in Glaubenszweifeln und Erwägen die fristlose Kündigung unseres Vertrauens. Wir dulden keine Geheimnisse mehr. Und halten sie deshalb auch nicht mehr aus.

Wenn Sie unter Gottes lenkender Hand leben, bedeutet das nicht, dass Sie Ihr Leben endlich und umfassend in den Griff bekommen. Es wird auch in Zukunft einige handfeste Rätsel und undurchdringliche Geheimnisse geben. Die Zusage der Vorsehung lädt Sie jedoch inmitten aller offenen Fragen dazu ein, Gott angesichts all dessen, was er Ihnen schenkt und was er Ihnen zumutet, dennoch zu vertrauen. Seine Verheißungen sagen nicht, dass Sie alles verstehen werden. Sie besagen lediglich, dass Gott Sie und Ihre Umstände in seiner Hand hält und über Ihnen wacht. Was immer Sie betrifft, Gott umfasst es mit seinem ganzen Wesen. Er hält an Ihnen fest; er hält *Sie* fest, selbst dann, wenn alles zerbricht und Sie nichts mehr verstehen. Wenn Sie mit Gottes Vorsehung rechnen, dann bedeutet das, dass Sie auch jetzt mit Gottes Wegen, Möglichkeiten und seiner Gegenwart rechnen. Sie bestehen vor sich selbst und dem Leben darauf, dass Sie in diesem Moment Gott ausgeliefert sind, nicht einem Zufall, nicht irgendwelchen Menschen, nicht sich selbst. Gottes Vorsehung lässt viel Raum für Unerklärliches und für Geheimnisse. Wer Gottes ordnendem Lenken traut, kann das aushalten und weiß sich dennoch getragen: »Ich bin in seiner Hand. Nichts kann mich von ihm trennen. Gott spricht das letzte Wort. Daran will ich festhalten.«

Der deutsche Theologe Helmut Thielicke hat diese Gewissheit um Gottes im Letzten ordnende Hand in unserem Leben in eindrückliche Worte gefasst:

»Wer es weiß und vertrauend damit rechnet, dass höhere und liebende Gedanken über seinem Leben gedacht werden, der gewinnt zum Beispiel ein neues Verhältnis zur Zukunft. Vorher – unter dem Alpdruck des bösen Traums vom Nichts – war ich misstrauisch, wenn ich den morgigen Tag bedachte; und die vier grauen Weiber ›Mangel, Schuld, Sorge und Not‹, die Fausts Weg begleiten, lauerten auch an meiner Straße. Ich glaubte ja zu wissen, dass ›ohne Wahl der Strahl zuckt‹. Und wer konnte wissen, was schon morgen oder übermorgen der unheimliche Schoß der Zukunft hervorbringen würde? Jetzt aber, wo ich den Stern kenne, auf den ich schauen darf, und um die Hand weiß, die mich führt, bin ich mit der bergenden Gewissheit beschenkt, dass ich einen Vater habe, der weiß, wessen ich bedarf, und der mir Brot und keine Steine, der mir Fische und keine Skorpione geben wird. Ich weiß auch, dass er bei allem dabei sein wird, was in Zukunft auf mich zukommt.

Darum brauche ich nicht zu wissen, was dieses Kommende nun ist: ob es Heiterkeiten oder Schmerzen sein werden, die mich erwarten. Ich bin getrost, ›dass beides aus seinen Händen quillt‹. Der Glaube, dass er es gut mit mir meint und dass er alle Widerfahrnisse, die mich treffen werden, in prüfenden Händen hin- und herbewegt, bis er sie für mich freigibt, diese Gewissheit ist viel elementarer, viel durchschlagender als die Ungewissheit, welche Schicksale es nun sein werden, die zu solchen Grüßen und Botschaften meines Vaters auserwählt wurden. Ich kann das jetzt gelassen auf mich zukommen lassen und bin sozusagen ein Abenteurer höherer Ordnung geworden, wenn ich diesen Glauben habe: Ich bin gespannt darauf, womit Gott mich überraschen, wie er die Fäden zusammenlaufen und wieder entknoten wird. Ich bin gespannt, wie er das große Thema anpacken wird, das er über mein

Leben geschrieben hat: jenes Thema, dass mir ›alles zum Besten die-
nen‹ soll, wenn ich ihn nur lieb habe und dessen gewiss bleibe, dass er
an mir festhalten und sich zu mir bekennen wird.«[39]

Was würde es konkret bedeuten und mit sich bringen, wenn Sie
angesichts Ihrer momentanen Lebenssituation und angesichts
Ihrer persönlichen Lebensgeschichte diese vertrauende Perspektive einnehmen würden?

---

39 Helmut Thielicke: *Woran ich glaube: Der Grund christlicher Gewissheit.*
   Stuttgart: Quell Verlag, 1965, Seite 24.

Gottes unaufhörlichem Handeln trauen

Als Jugendlicher hat man ja keine Ahnung davon, wie viel die eigenen Eltern für einen tun. Mir jedenfalls ging es so. Erst als ich als junger Erwachsener von zu Hause auszog, begann ich zu realisieren, was es für meine Eltern bedeutet haben muss, vier Söhne großzuziehen. Offensichtlich war, dass ich als Kind zu Hause jederzeit meinen Hunger stillen konnte. Dass meine Eltern mir Kleider kauften und Freizeiten der Schule und später der Jugendgruppe finanzierten. Als Teenager dämmerte mir dann zum ersten Mal, dass der Gang zum Hausarzt oder zum Zahnarzt ja auch etwas kostete und dass meine Eltern diese Kosten stillschweigend übernahmen. Als ich volljährig wurde, begann ich zudem zu begreifen, wie viele Jahre lang meine Eltern Krankenkassenbeiträge für mich bezahlt hatten. Und nicht nur das: auch meinen Anteil der Haftpflichtversicherung und der Unfallversicherung. Als Kind lebte ich selbstverständlich und ohne nachzudenken vom andauernden und kostspieligen Bemühen der Eltern, mich, ihren Sohn, zu versorgen und mir einen guten Start ins Leben zu ermöglichen. Wie viele Tausend Schweizer Franken haben sie in den ersten zwanzig Jahren meines Lebens ausgegeben, ohne dass ich etwas davon merkte und es einfach selbstverständlich in Anspruch nahm? Ich weiß es nicht, aber dass ich damals nie darüber nachdachte, zeigt, wie sorglos vertrauend ich meine Kindheit und Jugend zubringen konnte.

In der Bibel wird uns Gott als guter, versorgender Vater vorgestellt. Vom Wesen dieses Vaters ist alle menschliche Elternschaft abgeleitet: *Ich beuge meine Knie vor dem Vater, von dem jede Vaterschaft im Himmel und auf Erden ihren Namen bekommen hat* (Epheser 3,15; eigene Übersetzung). Das bedeutet: Wo immer wir zuverlässige, liebevolle und versorgende Eltern erleben, ist das ein Fingerzeig auf Gott selbst (allerdings gilt der Umkehrschluss auf keinen Fall!). Gott ist der ultimative Vater (und die ultimative Mutter) – der Prototyp aller fürsorglichen Elternschaft.

Gott tut also noch viel ausgeprägter für uns, was unsere Eltern (hoffentlich) Gutes für uns getan haben. Er versorgt uns auch dann und handelt an uns, wenn wir davon überhaupt nichts wahrnehmen. So wie ich als Kind nicht realisierte, wie viel meine Eltern mir ermöglichten.

Diese Tatsache gibt uns einen weiteren handfesten Grund, Gott zu vertrauen. Nämlich dass Gott unaufhörlich für uns und an uns am Werk ist.

Unermüdlich für mich im Einsatz

Ich habe sie jahrelang überlesen, die Aussagen der Bibel, die von diesem ununterbrochenen Einsatz Gottes für mich berichten. Als Folge davon beschäftigte ich mich mehr mit dem, was Gott zur Zeit der Bibel tat, wie Jesus damals lehrte, heilte und uns Vergebung ermöglichte. Und ich hoffte natürlich und rechnete damit, dass er da und dort auch heute besondere Dinge in meinem Leben oder in meiner Gemeinde tun würde. Dafür betete ich. Für punktuelle, konkrete Hilfsaktionen Gottes, die mir die Vergewisserung brachten, dass er immer noch lebt.

Doch dann entdeckte ich sie: die Zusagen der Bibel, die mir deutlich machten, dass Gott heute nicht nur punktuell, hie und da mal wieder, unter uns wirkt. Er ist jederzeit im höchsten Maß aktiv damit beschäftigt, an uns, für uns, in uns und durch uns zu wirken. Fortwährend. Ununterbrochen. Ohne Pause, ohne Ausnahme, ohne Unterbrechung. Selbst dann, wenn wir nicht daran denken, nichts davon merken, gar nicht damit rechnen. Gott ist immer am Werk. So, als wären wir, seine Kinder, das wichtigste Projekt unseres Vaters im Himmel, das er sich nach Fertigstellung der Schöpfung vorgenommen hat. Eines, in das er investiert und an dem er feilt, verschönert, erneuert und segnend handelt, als

> Gott ist jederzeit im höchsten Maß aktiv damit beschäftigt, an uns, für uns, in uns und durch uns zu wirken.

sei das der tiefste Sinn seiner Existenz. Und genauso ist es auch!

Ich bin diesen Zusagen zum ersten Mal im achten Kapitel des Römerbriefs begegnet. Gleich zweimal spricht Paulus hier von Gottes unablässigem Wirken für alle, die zu ihm gehören:

In gleicher Weise aber nimmt sich der Geist unserer Schwachheit an; denn wir wissen nicht, was wir eigentlich beten sollen; der Geist selber jedoch tritt für uns ein mit wortlosen Seufzern. Er aber, der die Herzen erforscht, er weiß, was das Sinnen des Geistes ist, weil er dem Willen Gottes gemäß für die Heiligen eintritt (Römer 8,26-27).

Gott überträgt dem Heiligen Geist, seinem verlängerten Arm im Blick auf sein Wirken an uns, eine besondere Aufgabe: Jedes Mal, wenn wir selbst an Grenzen kommen, nicht wissen, was tun und wie beten, springt er ein und übernimmt unseren Part. Wörtlich heißt es hier: »Er eilt helfend zur Stelle und übernimmt das, was wir selbst nicht schaffen.« Gott wird sofort aktiv, wenn wir einknicken. Sein Geist stellt sich dann an unsere Seite und hilft – ob wir es wahrnehmen oder nicht.

Ein paar Verse weiter finden wir es noch einmal:

Christus Jesus ist es, der gestorben, ja mehr noch, der auferweckt worden ist; er sitzt zur Rechten Gottes, er tritt für uns ein (Römer 8,34b).

Jesus tut denselben Dienst an uns und für uns wie vor 2000 Jahren. Er trat nicht vor langer Zeit einmal für uns ein, damals, als er für seine Nachfolger in Johannes 17 betete (ja, wir gehören auch dazu!). Er tat nicht bloß damals Entscheidendes für uns, als er am Kreuz für uns starb. Nein, er macht sich hier und heute weiterhin für uns stark. Unaufhörlich. Jeden Tag, jede Stunde, jede Hundertstelsekunde. Es ist dem Autor des Hebräerbriefes wichtig, dass seine Leser das erfassen:

Darum kann er auch für immer retten, die durch ihn zu Gott kommen, weil er ja allezeit lebt, um für sie einzutreten (Hebräer 7,25).

Haben Sie's gelesen? *Allezeit.* Das ist die »job description« von Jesus nach seiner Auffahrt in den Himmel: Er ist unaufhörlich damit beschäftigt, als Priester vor Gott zu treten und für uns zu beten.

Ich stelle mir manchmal vor, wie er das tut und was er dabei mit Gott bespricht. Vielleicht klingt es so:

»Vater, siehst du hier unseren Thomas? Er hat heute einen schlechten Tag. Gerade hat er eine seiner Töchter angeschnauzt. Und er hat es nicht einmal gemerkt! Wir beide wissen, dass er heute Vormittag wieder einmal vor allem an sich selbst denken wird. Ob er gut ankommt und jemanden beeindrucken kann. Vater, lass es uns wieder festmachen: Wir haben ihm vergeben! Wir haben ihn erlöst. Er vertraute uns sein Leben an und tut es immer wieder. Manchmal halbherzig, aber wir nehmen ihn beim Wort. Also legen wir auch heute unsere Gnade über ihn. Bist du damit einverstanden?

Ich weiß, Vater, du bist es; es war ja deine Idee, so mit den Menschen umzugehen, die mir nachfolgen. Aber komm, eines wollen wir tun: Wenn er sich heute nach dem Mittagessen hinlegt, wollen wir den Heiligen Geist bitten, ihm einen Gedanken ins Herz zu legen. Wir wollen ihm sanft bewusst machen, dass er seiner Tochter wehgetan hat. Wir nähren in ihm den Wunsch, sich zu entschuldigen und sie in den Arm zu nehmen. Und wir helfen ihm, von sich selbst wegzuschauen und das, was ihm am Morgen gut gelungen ist, nicht sich selbst zuzuschreiben. Wir zeigen ihm, wie sehr du, Vater, ihn gesegnet hast und dass er alles dir verdankt, nicht sich selbst.

Und was meinst du, sollten wir ihm schon eine erste Idee für das Seminar geben, das er übernächste Woche in dieser Kirche in Bern halten wird? Oder wollen wir noch etwas warten? Ich fürchte, er kommt in Stress, wenn wir es zu lange hinausschieben, weil er dann wieder befürchtet, er habe nichts Anständiges zu sagen. Ja, da hat er seine Schwachstelle! Er ist nicht gerade ein Held im Vertrauen. Gut, dass er dieses Buch *Voll vertrauen* schreibt. Wir beide wissen ja, dass er das vor allem für sich selbst braucht. Und nebenbei segnen wir damit noch ein paar andere Menschen. Aber das behalten wir für uns – das wissen nur wir beide. Wobei – vielleicht sagen wir es auch Thomas, damit er sich nicht zu viel darauf einbildet. Was meinst du?

Und übrigens, ich bitte dich, Vater, im Blick auf seine Gesundheit. Ich meine sein Problem mit dem rechten Knie. Was schlägst du vor? Wollen wir hier übernatürlich vorgehen oder ist es besser für ihn, den Arzt aufzusuchen? Lass uns dieses Knie noch mal anschauen und dann entscheiden. Das Wichtigste aber ist, dass sein Herz niemals aufhört, für unser ewiges Reich und seine Ausbreitung zu schlagen. Da müssen wir heute etwas nachlegen, damit das nicht einschläft. Komm Vater, belebe das auch heute in seinem Inneren. Und dann hätte ich noch eine Idee: Wie wäre es, wenn wir ihm heute …«

Abgrundtief geliebt und laufend erneuert

Können Sie sich vorstellen, dass Jesus so für uns vor dem Vater eintritt? Können Sie sich vorstellen, dass er in vergleichbarer Weise für *Sie* vor dem Vater eintritt? Nicht ein Mal im Monat, nicht alle paar Tage, sondern gerade jetzt? Heute, den ganzen Tag? In jedem Augenblick? Auch dann, wenn Sie gar nicht daran denken und nichts davon merken? Sie haben viel Grund, damit zu rechnen. Gott verspricht uns das in seinem Wort, wie wir gesehen haben.

Weshalb tut Gott das? Weil er uns abgrundtief liebt. Viel mehr noch als gute, liebevolle Eltern in ihre Kinder vernarrt sind, ist Gott in uns vernarrt. Er kann nicht anders, als ständig mit uns beschäftigt zu sein. Haben Sie schon einmal jungen Elternpaaren bei einem Gespräch im Restaurant zugehört, wenn sie endlich einen Abend für sich alleine haben? Sie können es nicht lassen, ständig nur über ein bestimmtes Thema zu sprechen (übrigens auch gegenüber Dritten, selbst wenn die es gar nicht hören wollen): über ihre Kinder. Stundenlang! Warum? Weil sie ihre Kinder lieben. Sich um sie sorgen. Einfach nicht anders können.

Wie viel mehr Gott!

Das ist mir zu einem tragenden Trost in meinem Leben geworden: Egal, wie meine Umstände gerade sind, ob gut oder traurig, Jesus Christus ist gerade jetzt bei mir am Werk. Ob ich schlafe, einen Western schaue, joggen gehe oder am Computer sitze, in einem Buch stöbere, die Zeitung lese, mit meiner Frau zärtlich bin, mit dem Fahrrad fahre, eine Banane esse oder mit dem Smartphone spiele: Christus wirkt in diesem Moment in mir und an mir. Er tritt gerade jetzt für mich ein. Worauf zielt er dabei? Auf meine Erneuerung. Auf mein Wachstum, mein Weiterkommen, meine Reife als Mensch und als Kind Gottes.

> *Egal, wie meine Umstände gerade sind, ob gut oder traurig, Jesus Christus ist gerade jetzt bei mir am Werk.*

Darum verzagen wir nicht: Wenn auch unser äußerer Mensch verbraucht wird, so wird doch unser innerer Mensch Tag für Tag erneuert (2. Korinther 4,16).

Wir können Gott trauen, dass er unaufhörlich an uns wirkt. Keiner hat ein so großes Interesse an unserer Erneuerung wie er.

Wenn ich auch als inzwischen Erwachsener meine Rechnungen alle selber bezahle (und auch die meiner eigenen Kinder …) – ich habe immer noch einen Vater, der mich ungeahnt versorgt und im Hintergrund für mich am Werk ist. Er tut das in weit umfassenderer Weise, als ich es je ermessen und wahrnehmen kann. Ich bin ein Glückskind. Und Sie sind es auch! Verlassen Sie sich drauf!

Und wenn mein Vertrauen zerbricht?

In diesem Buch geht es um das Anliegen, Sie als Leser zum Vertrauen zu ermutigen. Ich will deutlich machen: Vertrauen kann wachsen. *Wir* können im Vertrauen wachsen. Es kann aufgebaut und gestärkt werden. Gott ist vertrauenswürdig. Im Glauben zu wachsen heißt, im Vertrauen ihm gegenüber zu wachsen.

Trotz dieser Ausrichtung nach vorne zu einem wachsenden Vertrauen wäre dieses Buch unvollständig, wenn ich nicht auch das andere ansprechen würde: die Möglichkeit, dass unser Vertrauen in Gott nicht nur erschüttert wird, sondern zeitweise auch zerbrechen kann. Es gehört zur Realität des Lebens und des Glaubens, dass es nicht immer und stetig bergauf geht. Dass wir nicht immer nur und ausschließlich Wachsende sind. Es gibt Momente, in denen wir nichts anderes sind als vom Sturm Zerzauste und weit Zurückgeworfene. Scheiternde, Versagende, bis ins Mark unseres Seins Erschütterte. Das kann uns selbst dann passieren, wenn es unser tiefster Wunsch ist, im Glauben zu wachsen, Gott zu lieben und sein Reich zu bauen.

Der US-amerikanische Rabbiner Harold Kushner hat vor einigen Jahren einen Bestseller mit dem vielsagenden Titel geschrieben: *Wenn guten Menschen Böses widerfährt*[40]. Er spricht darin eine Realität an, die viele, und besonders Glaubende, irritiert: Manchmal geschehen Dinge, die wir nicht verstehen können und an denen unsere Zuversicht und unser Vertrauen gegenüber Gott zerbrechen.

---

40 Harold S. Kushner: *Wenn guten Menschen Böses widerfährt*. Gütersloh: Gütersloher Verlagshaus, 2010.

Wirbelstürme und Flutwellen

Die Gründe dafür können vielfältig sein. Ich nenne Ereignisse, die diesen Effekt haben, »biografische Tsunamis«. Es sind Wirbelstürme, die uns nehmen und zerstören, worauf wir jahrelang gebaut haben. Flutwellen, die erbarmungslos wegfegen, was uns lieb und teuer ist. Enttäuschungen, tiefe Wunden, Erfahrungen, in denen wir Gott so sehr gebraucht hätten. Doch aus irgendeinem Grund hat er nicht eingegriffen; hat das Steuer nicht herumgerissen.

Ich habe in mehreren der bisherigen Kapitel schon Ereignisse dieser Art angesprochen. Ich habe erwähnt, dass manche unserer Enttäuschungen Gott gegenüber mit falschen Bildern zu tun haben, die wir uns von ihm machen. Oder mit unserer Weigerung anzuerkennen, dass es Geheimnisse und verborgene Führungen Gottes gibt, hinter die wir in diesem Leben niemals kommen werden. Dennoch – manchmal zerbricht auch das Vertrauen von ernsthaften, integeren, leidenschaftlichen, auf Gott ausgerichteten Menschen.

In der Bibel werden uns eine ganze Reihe solcher Menschen beschrieben. Von Hiob haben wir im ersten Teil dieses Buches gehört. Ein anderer ist der Prophet Jeremia. Er tut nichts anderes, als Gottes Ruf zu folgen. Mit ganzer Kraft verkündigt er dem Volk Israel den Willen Gottes. Dennoch wird sein Leben von destruktiven Kräften und Menschen so erschüttert, dass er an Gott und am Leben verzweifelt (siehe Jeremia 20,7-18).

Oder denken Sie an Johannes den Täufer. Voller Hoffnung und Enthusiasmus hat er den Weg des Messias vorbereitet. Als Jesus dann endlich seinen Dienst antritt, landet er selbst im Gefängnis. Bald ahnt er, dass er nie wieder herauskommen wird. Irritation und Zweifel rauben ihm seine ganze prophetische Kraft. Er erwägt die Möglichkeit, dass Jesus vielleicht doch nicht der versprochene Retter ist (siehe Matthäus 11,2-3).

Und wie hat sich wohl Jakobus, der Jünger von Jesus, gefühlt, als er im Gefängnis sitzt und dort erfährt, dass er enthauptet werden soll? Wie stand es um sein Vertrauen, als der Tag kam, an dem er zur Hinrichtung geführt wurde? Er, einer der zwölf

Freunde von Jesus, denen der Herr den Auftrag gab, das Reich Gottes bis ans Ende der Welt zu tragen? Was war nun von all dem geblieben? Wo war Gott und wo war seine Kraft, aus der Not zu retten (siehe Apostelgeschichte 12,1-2)?

Was können, dürfen und sollen wir tun, wenn uns solch »biografische Tsunamis« treffen, deren Zerstörungskraft drauf und dran ist, unsere letzte Portion Vertrauen wegzufegen? Ich möchte meine im ersten Teil des Buches gemachten Aussagen um ein paar Hinweise ergänzen. Wieder hilft uns dabei ein sorgfältiger Blick in die Bibel. Was tun Gottes Leute, wenn ihnen solche Dinge passieren?

> Die Menschen der Bibel erlauben sich, ihr Herz sprechen zu lassen. Sie lassen ihren Gefühlen freien Lauf, auch den unschönen.

Nicht fromm kaschieren

Als Erstes fällt mir auf, dass sie ihre irritierten Gefühle, ihren Zorn und ihre Frustration nicht fromm wegdrücken. Kein oberflächliches oder unehrliches: »Gott macht keine Fehler – auch das dient mir nun zum Besten.« Manche Menschen empfinden tatsächlich in der Tiefe ihres Herzen so. Bei ihnen ist es echt und glaubwürdig, wenn sie so etwas sagen. Ich habe aber zu oft Menschen erlebt, bei denen es mir eher wie eine fromme Phrase erschien. Sie nahmen diese Worte nur deshalb in den Mund, weil sie es sich nicht erlaubten, wirklich ehrlich zu sein. Sie meinten, jede andere Antwort sei eines reifen Christen nicht würdig. Und so verbogen sie sich selbst zu einer Frömmigkeit, die nicht dem entsprach, was in der Tiefe ihres Herzens brodelte und zum Himmel schrie.

Die Menschen der Bibel erlauben sich, ihr Herz sprechen zu lassen. Sie lassen ihren Gefühlen freien Lauf, auch den unschönen. Sie wissen, dass sie Gott nichts vorzumachen brauchen. Sie dürfen sagen und ausdrücken, was in ihnen ist und müssen sich nicht frömmer geben, als sie sind. Lesen Sie zum Beispiel in Jeremia 20,7-18, mit welch unglaublichen Worten sich der Prophet bei Gott beschwert. C.S. Lewis soll einmal gesagt haben: »Beten heißt, Gott das sagen, was in uns ist, nicht was in uns sein sollte.«

Klagen und streiten

Mir fällt auch auf, dass die Menschen der Bibel klagen können. Sie schreien zu Gott und machen ihm sogar Vorwürfe: »Du hast mich im Stich gelassen! Du hast mir nicht geholfen. Ich bin enttäuscht, verwirrt und zornig!« So und ähnlich klingt es in vielen Psalmen.

Haben Sie gewusst, dass es in der Bibel mehr Klagepsalmen als Lob- und Dankpsalmen gibt? Weshalb eigentlich schlägt sich das nicht in unserer Liedkultur nieder? Wer schreibt heute noch Klagelieder? Kaum einer. Ist das nicht auch ein Ausdruck davon, dass wir solche für viel zu wenig »fromm« halten?

Ich halte das für eine pure Einseitigkeit, die dem Volk Gottes nicht guttut. Die Menschen der Bibel klagen! Sie streiten und rechten mit Gott! Sie werfen ihm ihre ganze Frustration vor die Füße! Sie weinen, sind trotzig und zornig – und sie erlauben sich, so zu sein. Ich halte das für extrem wichtig! Es hat einen reinigenden Effekt auf unsere Seele, wenn raus darf, was sich in uns drin tummelt – egal, ob es schön ist oder nicht. Wenn es ausgesprochen wird vor Gott und nicht versteckt wird. Gott sieht es ja so oder so! Und er kann bestens damit umgehen. Er ist darin seit Jahrtausenden erfahren und es hat nicht an seiner Ehre gekratzt!

Eingebettet sein

Ein Weiteres gilt für die Menschen der Bibel: Sie sind inmitten ihrer Erschütterungen nicht alleine. Sie kennen kein individualistisches Glaubensleben, das sich nur in den eigenen vier Wänden abspielt – für mich allein, zwischen mir und Gott. Sie sind in ihrer Zeit alle ein Teil des großen Gottesvolkes bzw. einer konkreten

Gemeinde an dem Ort, an dem sie leben. Sie sind eingebettet in Beziehungen zu jungen und alten Geschwistern im Glauben. Doch sie teilen nicht nur den Glauben mit anderen, sondern auch das Leben und in vielen Fällen sogar ihren Besitz. Und: Sie teilen Freud und Leid. Sie sind umgeben von Mitchristen, die mitweinen, wenn das Leben zerbricht. Von Freunden, die sie umarmen, mitleiden, trösten, helfen. Und stellvertretend für sie auf Gott vertrauen, wenn sie es temporär nicht mehr können.

Wie viele Christen in unserer individualistischen Gesellschaft haben in einem Umkreis von fünfzehn Gehminuten Mitchristen, die sie tragen, wenn ihr Leben seine Tragkraft verliert? Haben Sie solche Menschen um sich? Ein biografischer Tsunami vermag weit weniger zu zerstören, wenn wir Freunde haben, die sich mit uns gegen den Wind stellen und uns helfen, mit den Trümmern unseres Lebens fertig zu werden. Die Menschen der Bibel haben solche Freunde, weil sie immer Teil einer konkreten, sich regelmäßig treffenden Glaubensgemeinschaft sind, die unter anderem genau für solche Momente gegeben ist.

Nicht vertrauen und doch vertrauen

Es rauslassen, in Worte fassen, klagen, weinen und nicht alleine bleiben – diesen Weg gehen die Menschen der Bibel. Machen Sie diesen auch zu Ihrem Weg, wenn Ihr Vertrauen aus irgendeinem Grund zerbricht. Erlauben Sie sich das! Es ist der einzige Weg, wie Ihre Seele früher oder später wieder Ruhe finden kann. Machen Sie sich keine Sorgen darum, dass Sie damit Gott beleidigen könnten. Wenn ihn etwas traurig macht, dann ist es Ihre Scham und Ihre Unehrlichkeit ihm gegenüber. Mit Ihrer Ehrlichkeit kommt er gut zurecht. Ihre Vorwürfe und Ihre Anklagen bringen ihn nicht aus dem Konzept. Er ist das einzige Wesen im Universum, das wirklich gut damit umgehen kann. Ich wage sogar zu behaupten, dass Gott sich freut, wenn wir vor ihm weinen, klagen und zornig sind. Denn dann sind wir immer noch vor ihm. Es ist ein Ausdruck davon, dass wir nicht einfach weglaufen und die Türe hinter uns zuschlagen. Wir bleiben selbst in unserer Wut und Trauer bei ihm. Wir setzen uns mit ihm auseinander und bleiben so auf ihn bezogen.

Vertrauen kann also auch heißen: Ich vertraue Gott so sehr, dass ich mir erlauben kann, vor ihm ungeschminkt ehrlich zu sein. Ein solcher Umgang mit meinem verlorenen Vertrauen wird auf diese Weise zu einem Ausdruck dafür, dass ich irgendwo tief in meiner Seele doch noch vertraue. Ich vertraue, dass ich mich Gott als Nichtvertrauender zumuten kann. Wenn alles zerbricht, ist noch nicht alles zu Ende ...

Esther Mujawayo-Keiner kommt aus Ruanda. Beim Völkermord 1994 wurden ihre Eltern, ihr Ehemann und ihre Schwester ermordet. Sie überlebte mit ihren drei kleinen Töchtern. Heute lebt sie in Deutschland. Die Wunden und der Schmerz, welche diese traumatischen Ereignisse mit sich brachten, sind immer noch tief. Sie schreibt:

>*Ich brauchte lange, um mich mit Gott zu versöhnen. Wo war er, als man uns massakrierte? Die Ruander sagen, dass Gott abends immer nach Ruanda zum Schlafen kommt. Wo war er, als seine Menschenkinder Ruanda – sein Zuhause – abbrannten, als die Kirchen, wo man ihn anbetete, zu Schlachthäusern wurden? Für mich sind bestimmte Gotteshäuser in Ruanda immer noch die Schlachthäuser der Abertausende von Menschen, die sich dorthin geflüchtet hatten in der trügerischen Hoffnung, dort verschont zu werden.*
Das sind die Baustellen persönlicher Versöhnung mit mir und Gott, an denen ich arbeite. Das Ganze ist nicht einfach und braucht Zeit ...
Ich lasse meinen Zorn und meinen Hass heraus, weil ich nicht möchte, dass sie mich innerlich töten. Wir müssen ganz vorsichtig herangehen an die großen, hoffnungsvollen Worte von Versöhnung und Vergebung«.[41]

41 Esther Mujawayo-Keiner: »Weiterleben, trotz allem«. In Auftrag, Heft Nr. 2, Juni-August 2011, Seite 36 (Mission 21, Evangelisches Missionswerk Basel).

»Schüttet euer Herz vor ihm aus!«, fordert David in Psalm 62,9 alle verzweifelten, vom Leid überrannten Menschen auf. Welche Fragen, welchen Kummer, welchen Schmerz haben Sie viel zu lange heruntergeschluckt und weggedrängt? Wenn Sie es wagen, Ihre damit verbundenen Empfindungen und Gedanken vor Gott auszusprechen, ohne zu fürchten, dass er das missbilligt, dann beginnen Ihrem Vertrauen neue Flügel zu wachsen!

Dem guten Ende trauen

An mehreren Stellen in diesem Buch (besonders im Kapitel über die Vorsehung) habe ich angedeutet, dass wir Gott im Blick darauf vertrauen können, dass er unser Leben auf ein gutes Ziel hinführt. Was immer auch Irritierendes geschieht, Gott will, kann und wird dafür sorgen, dass einmal alles gut wird.

Ich bin mir bewusst: Solche Aussagen können floskelhaft klingen. Ich ärgere mich jedes Mal, wenn ich mir einen (meist aus Hollywood stammenden) Film ansehe, in dem gerade etwas Schreckliches passiert ist. Das Erste, was der Held der blutüberströmten Schönen zuflüstert, ist: »Baby, ich verspreche dir: Es wird alles gut!« Es ist wie ein Mantra derer, die nicht wahrhaben wollen, dass eben nicht immer alles gut wird.

Gut – wie am Anfang

Dennoch – das ist in einem gewissen Sinn auch die Botschaft der Bibel: Einmal soll alles gut werden. Gut wie am Anfang, als Gott die Welt aus dem kosmischen Chaos emporhob. Als er den Himmel, die Erde, alles Leben und den Menschen schuf und dann zu dem Schluss kam: *Und siehe, es war alles gut – sehr gut!* (1. Mose 1,4.10.12.18.21.25.31).

Doch dann begann der Mensch, mit seiner Sünde so viel von diesem Guten zu zerstören. Und Gott wiederum begann, die Scherben einzusammeln und die verletzte Schöpfung zu heilen. Seit Jahrhunderten und Jahrtausenden ist er dabei, die vormals so gute Schöpfung in ihren ursprünglichen Zustand zurückzuführen. Dieses Mühen Gottes um die Vollendung der von der Sünde gezeichneten Welt nennt man in der Theologie die Ausbreitung von Gottes Reich. Dieses Reich wird einmal vollendet sein – an dem Tag, auf den wir Christen erwartungsvoll zugehen. Der Tag, an dem Christus wiederkommt; wenn

Gott alles und in allem sein wird. Dann wird alles gut. Auch das, was über die Jahre unseres Lebens unklar, ungelöst, unbefriedigend, vorläufig, unvollkommen, geheimnisvoll und irritierend geblieben ist.

Ich bin nicht damit einverstanden, wenn man unter Unrecht und Not leidende Menschen zu schnell mit der Aussicht auf den Himmel tröstet. Vor allem dann nicht, wenn dies zur Ausrede dafür wird, dass man sich nicht um die Bedürfnisse und Rechte dieser Menschen hier und jetzt kümmern muss. Dennoch war das Wissen um die Vollendung in der künftigen Ewigkeit Gottes zu allen Zeiten besonders für Not leidende Menschen eine starke Ermutigung. In der Bibel richtet Gott selber diese Perspektive auf, damit wir angesichts ungelöster Fragen und Situationen den Mut nicht verlieren.

> Ich bin nicht damit einverstanden, wenn man unter Unrecht und Not leidende Menschen zu schnell mit der Aussicht auf den Himmel tröstet.

Vorschau zum Himmel

Ein eindrückliches Beispiel dafür finden wir in der Offenbarung des Johannes, dem letzten Buch der Bibel. Die Offenbarung enthält ein besonderes Stilmittel, das wir nirgendwo sonst im Neuen Testament finden. Man nennt gewisse Abschnitte in diesem Buch »Zwischenspiele«. Was ist damit gemeint?

Ich muss dazu kurz ausholen: Die Offenbarung ist an Menschen gerichtet, die enorme Not und schweres Leid erleben, weil sie an Christus glauben. Was sie durchmachen, erschüttert ihr Vertrauen in Gott. Johannes, der einen Einblick in die Hintergründe dieses Leids bekommt, hat die Aufgabe, den angefochtenen Christen drei Dinge zu sagen.

Erstens: Da und dort wird auf dieser Welt noch viel schwereres Leid geschehen, als ihr es jetzt gerade erlebt.

Zweitens: Verliert nicht den Mut! Gott vermag euch zu stärken und euch die nötige Ausdauer zu geben, damit ihr in dieser Not nah bei Gott bleiben könnt. (Als die Offenbarung verfasst wurde, wurden viele Christen vom römischen Kaiser Domitian blutig verfolgt. Inmitten dieser Not waren sie sich auf einmal nicht mehr sicher, ob sie es angesichts von so viel Leid schaffen würden, ihrem Glauben treu zu bleiben.)

Drittens: Wer wie ihr so viel Schweres erlebt, der soll wissen: Es kommt der Tag, an dem Gott all diesem Morden, Leiden, Sterben und Trauern ein Ende setzen wird. Es kommt der Tag, an dem er das Recht und die Gerechtigkeit wiederherstellt und alle Wunden heilt!

Um denen Hoffnung und Perspektive zu geben, die sich inmitten von Leid, Verfolgung und Katastrophen als Spielball unkontrollierter Mächte fühlen, baut Johannes also inmitten seiner Beschreibung von schwierigsten Ereignissen die erwähnten »Zwischenspiele« ein. Was sind sie und zu was dienen sie? Sie sind eine Art stärkende Verschnaufpause auf einer sehr anstrengenden Bergtour. Sie unterbrechen die Berichte über all die schweren Dinge, die auf der Erde passieren und geben für einen kurzen Moment einen Blick auf den Himmel frei. Sie geben Einblick in die Zukunft – in die Zeit, in der alles Schwere endlich durchgestanden und vorbei sein wird. Sie zeigen, dass diejenigen, die heute noch verzweifelt sind, leiden und ungerecht behandelt werden, einmal bei Gott sicher am Ziel sein werden.

Eines dieser Zwischenspiele befindet sich in Kapitel 7. Es kommt inmitten eines Textes vor, der von Not, Zerstörung und Verfolgung spricht. Auf einmal aber sieht Johannes in die Zukunft – voraus in die Zeit, wenn all das Schreckliche Vergangenheit sein wird. Und was er da sieht! Lesen Sie selbst:

Danach schaute ich: Und siehe, eine große Schar, die niemand zählen konnte, aus jedem Volk, aus allen Stämmen, allen Nationen und Sprachen. Die standen vor dem Thron und vor dem Lamm, bekleidet mit weißen Gewändern und mit Palmzweigen in den Händen. Und sie rufen mit lauter Stimme: Die Rettung steht bei unserem Gott, der auf dem Thron sitzt, und bei dem Lamm!

Und alle Engel standen im Kreis um den Thron und um die Ältesten und die vier Wesen, und sie fielen vor dem Thron auf ihr Angesicht, beteten zu Gott und sprachen: Amen: Lob, Preis und Weisheit, Dank und Ehre, Macht und Kraft unserem Gott in Ewigkeit, Amen.

Und einer der Ältesten ergriff das Wort und sagte zu mir: Die mit den weißen Gewändern da, wer sind sie, und woher sind sie gekommen? Und ich habe zu ihm gesagt: Mein Herr, du weißt es.

Und er sagte zu mir: Das sind die, die aus der großen Bedrängnis kommen; sie haben ihre Gewänder gewaschen und sie weiß gemacht im Blut des Lammes. Darum sind sie vor dem Thron Gottes und dienen ihm Tag und Nacht in seinem Tempel, und der auf dem Thron sitzt, wird über ihnen ein Zelt aufschlagen. Sie werden nicht mehr hungern und nicht mehr dürsten, und weder die Sonne noch irgendeine Hitze wird auf ihnen lasten. Denn das Lamm in der Mitte des Thrones wird sie weiden und wird sie führen zu Quellen lebendigen Wassers, und Gott wird abwischen jede Träne von ihren Augen (Offenbarung 7,9-17).

Was für ein Ausblick! Was für ein Trost! Was für eine Hoffnung für alle, die hier auf dieser Welt all ihre Hoffnungen begraben mussten! Es kommt ein Tag, an dem alles gut sein wird. Ein Tag, an dem zwar noch einmal geweint wird. Ein allerletztes Mal, weil Gott dann die Tränen derer abwischen wird, denen es auf dieser Welt so übel ergangen ist. Dieses Zwischenspiel ermöglicht inmitten der Beschreibung schwerster Umstände eine Verschnaufpause. Es will die Hoffnung derer aufrichten, deren Lebensumstände ihnen ihr letztes Vertrauen zu Gott rauben will. Bei denen nichts mehr aufgeht und Erfüllung findet – keine Sehnsucht, kein Lebenstraum, kein Wunsch nach Besserung und Lösung.

Sie und ich – inmitten der Schar

Falls Sie zu diesen verzweifelten Menschen gehören, dann ist das die Perspektive, die Gott Ihnen schenken möchte. Möglicherweise sehen Sie, wenn Sie auf Ihr Leben schauen, nichts anderes als unerfüllte Träume und trübe Aussichten. Nun lassen Sie sich für einen Moment mitnehmen in dieses Zwischenspiel aus Offenbarung 7. Schauen Sie hinein in den Himmel und in die dortige Szene, die sich in vielleicht zwanzig, fünfzig oder zweihundert Jahren einmal abspielen wird. Schauen Sie hinein in diese kleine Vorschau – in den Trailer zum Himmel. Diese Vorschau zeigt ein vor Ihnen liegendes Ereignis – eines, bei dem Sie mit dabei sein werden. Ja, Sie haben richtig gehört: Als Gottes Kind und Eigentum werden Sie dort dabei sein!

Vielleicht schließen Sie einmal für einen Moment die Augen und versuchen sich das vorzustellen. Sehen Sie sich dort, inmitten der Frauen und Männer mit den weißen Gewändern, die Palmzweige in den Händen halten? Ja, da stehen Sie; Sie sind wirklich dabei! Erkennen Sie Ihr eigenes Gesicht unter all den anderen Menschen? Sehen und hören Sie sich, wie Sie mit kraftvoller Stimme Gottes Sieg besingen, den Sie hier nun endlich erfahren? Wie Sie Gott anbeten? Befreit, entlastet, zur Ruhe gekommen? Und nun hören Sie gut hin, wenn der Älteste auf die Frage antwortet, wer denn all diese Menschen hier sind. Es sind die, *die aus der großen Bedrängnis kommen* (Offenbarung 7,14). Es sind die Verfolgten, die Entrechteten, die Hintergangenen, Aussortierten, Verlassenen, Vertriebenen, Verachteten. Die Enttäuschten, die Missbrauchten und Vergessenen. Menschen wie Sie. Deshalb sind auch Sie dabei!

Trotz all dem schreienden Unrecht haben Sie und alle, mit denen Sie hier im Himmel zusammen sind, an Jesus festgehalten und sind ihm treu geblieben. Und nun werden Sie belohnt. Sie sind vor Gott. Voller Mitgefühl stillt er Ihren Hunger und Ihren Durst. Er lässt Sie in seinem Schatten ausruhen. Dann kommt Jesus und versorgt Sie auf himmlischen Weiden – der Hirte, der seine Schafe auf die besten Wiesen führt, die der Himmel zu bieten hat. Zu den frischesten Quellen der Ewigkeit. Sehen Sie sich, wie Sie dort feiern, genießen, entspannen und endlich frei sind? Endlich zu Ihrem Recht kommen? Endlich aufatmen und wieder von Herzen lachen können? Sehen Sie Ihre Tränen, die Ihnen vor lauter Erleichterung, Überwältigtsein und Staunen über die Wangen rinnen? Können Sie sich sehen?

Ich liebe diese Zwischenspiele der Offenbarung! Sie machen so viel Mut. Geben so tiefen Trost. Machen so viel Hoffnung. Einmal wird alles gut! Am Ende werden sich die Rätsel lösen, an denen wir hier zerbrechen. Gott kommt zum Ziel und damit komme auch ich ans Ziel. Und Sie auch. Bewahrt, geführt, wohlbehalten.

Weshalb ist das eine so wichtige Botschaft für uns? Weil wir an vielen Stellen unseres Lebens erfahren, dass sich hier auf dieser Welt trotz aller Hoffnungen und Gebete nicht alles wunderhaft zum Guten wendet. Auch nicht für uns als Christen. Solange wir auf dieser Welt sind, wird das verzweifelte Seufzen der unvollendeten Schöpfung da und dort auch unsere Biografie begleiten (siehe Römer 8,18-24). Natürlich, manche Wunde wird geheilt, von mancher Not werde ich erlöst. Aber erst dort, erst am Ende der Zeit, wird wirklich *alles* gut sein.

Was bleibt, wenn nichts mehr bleibt

Diese Perspektive ist auch deshalb so wichtig, weil sie die einzige Hoffnung ist, die an manchen Brennpunkten und in manchen Katastrophenszenarien dieser Welt überhaupt noch trägt und bleibt.

Natürlich, es ist unsere Aufgabe, Menschen nicht vorschnell auf den Himmel zu vertrösten. Wo immer wir die Möglichkeit dazu haben, sollten wir alles daransetzen, dass die Zeichen der neuen Zeit, der Erlösung, der Gerechtigkeit schon hier aufleuchten und einen Vorgeschmack von dem geben, was Gott für uns bereithält.

Darum versorgen wir Hungernde.

Deshalb laden wir zum Glauben an Christus ein.

Darum stiften wir Frieden zwischen Konfliktparteien.

Darum beten wir mit Kranken um Heilung.

Darum erwarten wir Wunder.

Darum versorgen wir Waisenkinder.

Darum widersprechen wir laut korrupten und gewalttätigen Menschen.

Darum pflanzen wir Bäume.

Darum fördern wir erneuerbare Energien.

Manchmal aber bleiben uns angesichts der Größe von Not und Elend in manchen Erdteilen und Lebensgeschichten die Worte im Hals stecken. Manchmal müssen auch die größten Bemühungen der Hilflosigkeit weichen – weil solcher Not einfach kein Mensch gewachsen ist.

Was kann ich dann noch tun? Was bleibt mir dann zu sagen?

Was soll ich dem atomverseuchten Menschen sagen, dessen Körper verstrahlt ist und der nur noch einige qualvolle Monate zu leben hat?

Was bleibt dem Jugendlichen, dessen Körper durch eine angeborene Behinderung oder durch einen Unfall völlig entstellt ist?

Was bleibt der verwundeten Seele eines dreizehnjährigen Mädchens, das im Kriegsgebiet des Kongos nächte-, tage- und wochenlang vergewaltigt und geschlagen wurde?

Was der Frau, deren Mann mit 35 Jahren an Krebs gestorben und deren 20-jähriger Sohn gerade durch einen Autounfall ums Leben gekommen ist?

Was bleibt all den Entrechteten, Enteigneten, den Vergessenen, den Vertriebenen und Vergasten, die unter die Räder einer erbarmungslosen Weltgeschichte gerieten und rücksichtslos von ihnen zermalmt wurden – ohne dass auch nur einer mit der Wimper zuckte?

Welche einzige und letzte Hoffnung bleibt all diesen Menschen?

Und Ihnen oder mir, wenn unsere eigene Welt zerbricht –

vielleicht schon angesichts weniger schlimmer Katastrophen?

Was dann bleibt, ist nur diese eine Hoffnung:

Gott hat versprochen, dass es am Ende gut wird.

Gerecht.

In Ordnung gebracht.

Wiederhergestellt.

Geheilt.

Zurückerstattet.

Ausgeglichen.

Gut, wie es am Anfang gut war, als Gott die Welt erschuf und mit heiligem Glanz überzog.

Gut!

Sehr gut!

Diesem guten Ende zu trauen, das ist manchmal unsere einzige, tiefste und letzte Hoffnung. Nichtsdestotrotz ist es eine gewaltige Hoffnung, die inmitten der Dunkelheit Licht und Trost gibt. Und die mich beten lässt:

Maranatha – komm Herr Jesus! (1. Korinther 16,22b; Offenbarung 22,20b).

Danke!

Meiner Frau Karin, die mich unterstützt und ermutigt, wo sie nur kann. Ihre Wertschätzung und ihre konstruktiven Hinweise bauen mich auf und beflügeln mich.

Meinem Vater, der mir erlaubt hat, die Geschichte zu erzählen, die ich als kleiner Junge mit ihm erlebt habe.

Andreas Sigg, der mir sein einmalig schönes Tessiner-Häuschen zur Verfügung stellte, damit ich ungestört und in großen Stücken nach vorne schreiben konnte. An einem solch herrlichen Ort mit Ausblick auf den Lago Maggiore fließen die Sätze fast wie von selbst!

Hansjörg Leutwyler für seine Freundschaft und sein ermutigendes Vorwort.

Der Minoritätsgemeinde aus der evangelisch-reformierten Landeskirche Aarau für mehr als elf Jahre Vertrauen und gemeinsamen Weg.

Meinen Studentinnen und Studenten am Theologisch-Diakonischen Seminar Aarau. Mit ihnen zusammen das Neue Testament zu erkunden, ist auch nach über siebzehn Jahren immer noch ein Highlight in meinem Alltag. Καταρτίσαι ὑμᾶς ἐν παντὶ ἀγαθῷ εἰς τὸ ποιῆσαι τὸ θέλημα αὐτοῦ (ΠΡΟΣ ΕΒΡΑΙΟΥΣ, 13,21α).

Dem Team von SCM R.Brockhaus für alle kompetente Unterstützung im Hintergrund, damit dieses Buch Wirklichkeit werden konnte. Besonders meiner Lektorin Silke Gabrisch, mit der die Zusammenarbeit Freude macht.

Und dann am allermeisten und einmal mehr: Danke, mein Gott; du bist unbeschreiblich!

Ich widme dieses Buch meinen Eltern, Frieda und Hansruedi Härri-Meyer. Niemand hat so viel in mein Leben investiert wie sie. Seit nun schon 46 Jahren unterstützen sie mich und meine Familie immer wieder auf erstaunliche Weise. Ihre Bescheidenheit sucht ihresgleichen. Ihre Hilfsbereitschaft ist unermüdlich. Sie haben mir viel mehr gegeben, als ich ihnen je zurückgeben kann.

160

Verwendete Literatur

The Amplified Bible. Grand Rapids, Michigan: Zondervan, 1987.

Karl Baral: *Handbuch der biblischen Glaubenslehre: Grundlagen für Vertrauen und Leben.* Neuhausen: Hänssler Verlag, 2. Auflage, 2001.

Friedrich Blass und Albert Debrunner: *Grammatik des neutestamentlichen Griechisch.* Göttingen: Vandenhoeck & Ruprecht, 13. Auflage, 1970.

Dietrich Bonhoeffer: *Widerstand und Ergebung: Briefe und Aufzeichnungen aus der Haft.* Gütersloh: Gütersloher Verlagshaus, 17. Auflage, 2002.

Martin Buber: *Zwei Glaubensweisen.* Gütersloh: Gütersloher Verlagshaus, 2. Auflage, 1994.

Brevard S. Childs: *Die Theologie der einen Bibel. Band 2: Hauptthemen.* Freiburg: Herder Verlag, 2003.

John J. Collins & Daniel C. Harlow (Hrsg.): *The Eerdmans Dictionary of Early Judaism.* Grand Rapids, Michigan/Cambridge, U.K.: William B. Eerdmans Publishing Company, 2010.

Walter Dietrich und Christian Link: *Die dunklen Seiten Gottes. Band 2: Allmacht und Ohnmacht.* Neukirchen-Vluyn: Neukirchener Verlag, 2. Auflage, 2004.

Klaus Douglass: *Glaube hat Gründe: Wie ich eine lebendige Beziehung zu Gott finde.* Freiburg: Kreuz Verlag, 1994.

H.A. Gornik (Hrsg.): *Tag- und Nachtgedanken: Ein Brevier durch das Jahr.* Herder: Freiburg 1987.

Romano Guardini: *Vorschule des Betens.* Einsiedeln: Benziger Verlag, 1952.

Thomas Härry: *Das Geheimnis deiner Stärke: Wie Gott deine Lebensgeschichte gebrauchen will.* Witten: SCM R.Brockhaus, 4. Auflage, 2011.

Ernst Jenni und Claus Westermann: *Theologisches Handwörterbuch zum Alten Testament.* Band 1. Gütersloh: Gütersloher Verlagshaus, 5. Auflage, 1994.

Harold S. Kushner: *Wenn guten Menschen Böses widerfährt*. Gütersloh: Gütersloher Verlagshaus, 2010.

Alister E. McGrath: *Der Weg der christlichen Theologie: Eine Einführung*. München: C.H. Beck, 1994.

Alister McGrath: *Zweifeln: Der Thomas in jedem von uns*. Holzgerlingen: SCM Hänssler, 2007.

Jürgen Moltmann: *Der gekreuzigte Gott: Das Kreuz Christi als Grund und Kritik christlicher Hoffnung*. Gütersloh: Gütersloher Verlagshaus, 9. Auflage, 2002.

Adolf Schlatter: *Glaube im Neuen Testament*. Stuttgart: Calwer Verlag, 1982.

Edmund Schlink: *Ökumenische Dogmatik: Grundzüge*. Göttingen: Vandenhoeck & Ruprecht, 1983.

Christian Schütz (Hrsg.): *Praktisches Lexikon der Spiritualität*. Freiburg: Herder Verlag, 1988.

James Bryan Smith: *The Good and Beautiful God: Falling in Love with the God Jesus Knows*. London: Hodder & Stoughton, 2010.

Peter Stuhlmacher: *Theologie des Neuen Testaments. Band 1: Grundlegung: Von Jesus zu Paulus*. Göttingen: Vandenhoeck & Ruprecht, 1992.

Helmut Thielicke: *Woran ich glaube: Der Grund christlicher Gewissheit*. Stuttgart: Quell Verlag, 1965.

Gerhard Wehr: *Martin Buber: Leben – Werk – Wirkung*. Gütersloh: Gütersloher Verlagshaus, 2010.

N.T. Wright: *Small Faith – Great God: Biblical Faith for Today's Christians*. Downers Grove, Illinois: IVP Books, 2010.

Vertiefungsfragen für Gesprächsgruppen

Wie Sie Ihre Gruppentreffen gestalten können

Selbstverständlich können Sie die nachfolgenden Vertiefungsfragen auch alleine durcharbeiten. Den größten Gewinn aus der Lektüre dieses Buches aber ziehen Sie, wenn Sie es zusammen mit anderen lesen und anschließend gemeinsam über die Vertiefungsfragen diskutieren. Die zu jedem Kapitel zusammengestellten Fragen nehmen zentrale Aussagen noch einmal auf und helfen dabei, sie zu vertiefen und im persönlichen Leben anzuwenden. Sie können das Gespräch darüber hinaus mit weiteren, selbst formulierten Fragen ergänzen.

Haben Sie keine Erfahrung im Bilden und Leiten einer Gesprächsgruppe? Lassen Sie sich davon nicht entmutigen und wagen Sie den Schritt zu einer neuen Erfahrung. Sie werden es nicht bereuen. Die folgenden Grundlagen und Hilfestellungen können Ihnen dabei helfen.

Die Gruppe zusammenstellen

Überlegen Sie sich, mit wem Sie dieses Buch lesen und diskutieren möchten. Ich empfehle eine Gruppengröße von rund vier Personen. So ist sichergestellt, dass jede Person zum Zug kommt und sich gut einbringen kann.

Den Rahmen festlegen

Definieren Sie:
- Wie oft wollen Sie sich treffen?
- Wie lange soll ein Treffen dauern? (Eineinhalb oder zwei Stunden sind ideal.)
- Wo wollen Sie sich treffen?
- Wer leitet die Treffen? Leitet eine Person alle Treffen? Oder jede Person abwechselnd ein Treffen? Leiten heißt in erster

Linie: das Gespräch der Gruppe so weit moderieren, wie es nötig ist.

- Wie wollen Sie mit dem Buch arbeiten? Meine Empfehlung: Definieren Sie jeweils, bis zu welcher Seite im Buch alle Teilnehmenden bis zum nächsten Treffen lesen. Die Treffen selbst dienen dann dem Austausch und der Vertiefung des Gelesenen anhand der nachfolgenden Fragen.
- Eine andere Möglichkeit ist, das Buch während der Gruppentreffen gemeinsam zu lesen und anschließend die Fragen zu beantworten. Rechnen Sie dann genügend Zeit für Ihre Treffen ein.

Die Gruppentreffen gestalten

Hier ein Vorschlag, wie Sie die Treffen gestalten können. (Variieren erlaubt!)

- Gebet um Gottes Leitung und Reden bei diesem Treffen.
- Kurzer Austausch: Wie geht es mir persönlich?
- Sammeln: Welche Gedanken, Einsichten, Fragen zum gelesenen Abschnitt im Buch wollen wir in diesem Treffen besprechen?
- Gespräch. Es können zwei Schwerpunkte gelegt werden.
  - Inhaltliche Diskussion: Was ich so sehe wie der Autor. Wo ich widersprechen möchte und wie ich das begründe. Was mir fehlt. Was mir ergänzend wichtig ist.
  - Persönliche Anwendung: Was ich für mich persönlich umsetzen will. Welche Schritte ich dazu in Angriff nehme. Was ich wie anpacken werde.
  - Hinweis: Die Fragen im Anhang können je nach deren Inhalt bei einem oder bei beiden Schwerpunkten zum Zug kommen. Neue Fragen können formuliert und eingebracht werden.
- Festhalten: Jede teilnehmende Person hält wichtige Einsichten, Gedanken, Inspirationen und persönliche Wachstumsschritte (Umsetzung) in einem Notizheft fest.

- Gebet.füreinander: Das, was man erkannt hat und umsetzen möchte, wird vor Gott gebracht.
- Abschluss des Treffens: Neuen Termin und Inhalte des nächsten Treffens beschließen (Abmachung, bis wo im Buch zu lesen ist).

Machen Sie's gemütlich

Bei Tee, Kaffee, Gebäck oder Pizza und einem Glas Bier oder Wein lässt sich's fröhlicher austauschen, bewegen, diskutieren und streiten. Bringen Sie Gemütlichkeit und Ambiente in Ihre Treffen!

Teil 1 Glauben heißt Vertrauen

Von der Essenz des Glaubens

- Seite 22: Wie beurteilen Sie die Einschätzung Martin Bubers über den Unterschied zwischen der Art und Weise, wie Juden und Christen glauben (Vertrauen vs. Führwahrhalten)?
- Seite 24: Wie würden Sie Ihren eigenen Glauben bezeichnen: eher als Wissen oder eher als Vertrauen in Gott?
- Seite 25: Was löst die Übung bei Ihnen aus, in der Bibel das Wort »Glaube/glauben« mit »Vertrauen/vertrauen« zu ersetzen?
- In welchen Bereichen Ihres Lebens möchten Sie lernen, Gott von Herzen zu vertrauen? Weshalb erleben Sie das als schwierig?

Der tägliche Kampf um unser Vertrauen

- Seite 28: Was denken Sie: Weshalb fiel es den Menschen zur Zeit der Bibel so schwer, Gott konkret zu vertrauen?
- Ist das heute anders? Wenn ja, inwiefern?
- Seite 30: Stimmen Sie der These zu, dass unser Leben im Alltag unser Vertrauen in Gott ständig infrage stellt? Wie sieht Ihre persönliche Erfahrung aus?
- Welche Zweifel nagen zurzeit an Ihnen?
- Seite 31: Wie lautet Ihre persönliche Antwort auf Gottes Anliegen, ihm inmitten Ihrer momentanen Lebensumstände zu vertrauen?

Im Dunkeln sehen

- Seite 33: Was löst die Geschichte des Asylbewerbers Ernest bei Ihnen persönlich aus? Was daraus ermutigt Sie?
- Seite 37: Lesen Sie das Zitat von Martin Luther noch einmal: Wie sprechen diese Worte in Ihr Leben hinein?

- Seite 38: Was halten Sie von der Aussage, dass es falsch ist, blind zu glauben? Falls Sie eine andere Meinung haben, wie lautet diese?
- In welchen Bereichen Ihres Lebens erleben Sie zurzeit Dunkelheit und fehlende Klarheit? Wie möchten Sie Ihrer Bereitschaft, Gott trotz allem zu vertrauen, Ausdruck geben?

Deal mit Gott? *Sabine*

- Seite 41: Haben Sie auch schon einen ähnlichen »Deal« mit Gott gemacht? Was haben Sie dabei erlebt?
- Seite 42: Was denken Sie: Weshalb haben wir die Vorstellung und den Wunsch, dass sich unser Vertrauen Gott gegenüber zu unserem Vorteil auszahlen muss? Was ist daran berechtigt und was nicht? Weshalb?
- Seiten 44-45: Welche der zusammengetragenen Erklärungsversuche über den Sinn des Leids überzeugen Sie? Weshalb?
- Seiten 49-52: Haben Sie es schon erlebt, dass irritierende Ereignisse in Ihrem Leben Sie wie die Lichter eines in der Nacht entgegenkommenden Autos geblendet haben, sodass Sie Gott und seine Wirklichkeit nicht mehr wahrnehmen konnten? Wie haben Sie sich damals gefühlt? Was haben Sie getan?
- Seite 49: Was an der Haltung des Autors von Psalm 73 gefällt Ihnen? Was können Sie von ihm für Ihr eigenes Leben lernen?

Wenn Vertrauen früh erschüttert wird *Hinhild 15.04.*

- Seiten 54-59: Stimmen Sie der These zu, dass früh erschüttertes Vertrauen in Beziehungen sich auf unseren Glauben auswirkt? Wie begründen Sie Ihre Meinung dazu?
- Wie sehen Ihre persönlichen Erfahrungen aus: Inwiefern haben sich Erlebnisse aus Ihrer Kindheit auf die Stärke Ihres Glaubensmuskels ausgewirkt?
- Seiten 60-65: Welcher der aufgeführten Schritte zum Stärken eines geschwächten Glaubensmuskels erscheinen Ihnen ein-

leuchtend? Welche davon möchten Sie selbst in Angriff nehmen?

- Seiten 64-65: Was löst das Lesen und Bewegen dieser biblischen Abschnitte im Blick auf Ihr Vertrauen gegenüber Gott aus?

Teil 2: Im Land des Vertrauens   *29. April Christe*
Mehr als Worte: wie die Bibel vom Glauben spricht

- Seiten 72-73: Wie ist es Ihnen mit der Übung ergangen, sich Ihre konkreten Lebensumstände vor Augen zu halten und dann auszusprechen, dass Sie darin Jesus Christus vertrauen wollen? Ist Ihnen das schwer- oder leichtgefallen? Weshalb?
- Seiten 75-77: Welche der verschiedenen Übersetzungsmöglichkeiten zu Sprüche 3,5 spricht Sie am meisten an? Weshalb? Was löst die entsprechende Variante bei Ihnen aus?
- Seite 77: Wie ist es Ihnen mit der Einladung ergangen, sich im Blick auf Ihre Nöte, Unsicherheiten und Fragen vorzustellen, dass Sie wie ein Kind in Gottes Gewand an sein Herz gebunden sind und von ihm getragen werden? Inwiefern vermittelt Ihnen diese Vorstellung (die hinter dem Begriff »emuna« steht) Zuversicht?
- Welche Menschen aus Ihrem Umfeld könnten Ihnen eine Hilfe sein, in die im Kapitel vorgestellten Formen des Vertrauens hineinzuwachsen? Wie könnten sie Sie unterstützen? Bitten Sie um diese Unterstützung.

Riskanter Glaube: Vertrauen ohne Garantien

- Seiten 80-82: Wenn Sie in Abrahams Situation gesteckt hätten, als Gott ihn rief, wie hätten Sie reagiert?
- Wie schwer oder leicht fällt es Ihnen, auf Zusagen Gottes zu vertrauen, für die es keine Garantiescheine im Voraus gibt?
- Würden Sie sich eher als ein risikoscheuer oder ein risikofreu-

diger Mensch bezeichnen? Wie wirkt sich das auf Ihren Glauben aus? Oder verhält es sich da anders?

- Seiten 82-84: Fällt es Ihnen schwer oder leicht, die drei zitierten Verheißungen der Bibel auf ihre momentanen Lebensumstände zu beziehen? Was fühlen Sie dabei?
- Welches Risiko möchten Sie aufgrund dieser Zusagen eingehen?

Den sicheren Boden verlassen

- Seite 87: Um Vertrauen zu illustrieren, das ein Wagnis eingeht, verwendete Martin Luther das Bild vom Einsteigen in ein Schiff (man könnte sich auch ein Flugzeug vorstellen). Umschreiben Sie die Art des Vertrauens, die es braucht, um eine solche Reise zu wagen.
- Kennen Sie andere Schritte und Risiken, die wir in unserem Alltag eingehen, die ebenfalls illustrieren, was es heißt, im Vertrauen auf Gott etwas zu wagen?
- Wann und in welcher Hinsicht haben Sie das letzte Mal im Vertrauen auf Gott etwas gewagt, das Sie sich ohne diesen Rückhalt im Glauben nicht getraut hätten?
- Seite 88: Hier wird Mut als die Fähigkeit beschrieben, die Angst »eine Minute länger auszuhalten als die meisten anderen Menschen« (Zitat John S. Patton). Was könnte das für Ihr persönliches Leben bedeuten? In welchen Umständen und Lebensbereichen möchten Sie Ihre Angst länger aushalten, um das tun zu können, wovon Sie überzeugt sind?
- Suchen Sie ein paar Menschen, die in den kommenden Tagen und Wochen für Sie beten, damit Sie vertrauensvoll eine bestimmte Angst überwinden und mutige Risiken eingehen können.

Von großem Glauben und einem großen Gott

- Seite 90: Wie beurteilen Sie die Reaktion von Markus auf die Aufforderung, er müsse wirklich daran glauben, dass Gott ihn heilen wird? Wie hätten Sie an seiner Stelle reagiert?

- Was bedeutet es für Sie persönlich, einen »großen« oder einen »kleinen« Glauben zu haben? Wie definieren Sie beides?
- Seiten 91-93: Versuchen Sie anhand einer oder mehrerer der hier aufgeführten Geschichten aus dem Neuen Testament zu definieren, um welche ganz praktische Ausdrucksweise von Glauben Jesus jeweils bei seinem Gegenüber wirbt. Lesen Sie dazu die entsprechenden Bibeltexte in der Bibel nach.
- Seite 94: Hier sind fünf Möglichkeiten aufgeführt, was manche Menschen unter einem »richtigen Glauben« verstehen. Was an dem hier zum Ausdruck kommenden Verständnis ist Ihrer Meinung nach berechtigt, was ist problematisch?
- Seite 95: Wie gehen Sie mit der Spannung um, dass Sie zum Vertrauen aufgefordert sind, es gleichzeitig aber nicht auf Ihren eigenen »großen« Glauben ankommt?
- Seite 95: Was löst die Behauptung bei Ihnen aus, dass es nicht um Ihren großen Glauben geht, sondern um Ihr Vertrauen in Ihren großen Gott?
- Seite 96: Lesen Sie noch einmal die fünf Merkmale eines Vertrauens, bei dem die Erwartungen auf Christus und nicht auf einen selbst gerichtet sind. In welchen Umständen Ihres Lebens möchten Sie Jesus auf diese Weise vertrauen?
- Seite 98: Stellen Sie sich vor, dass Sie im Blick auf Ihre konkrete Lebenssituation vertrauensvoll in Gottes Arme springen. Was löst der Gedanke, tatsächlich zu springen, bei Ihnen aus?

Goldstücke: vier weitere Entdeckungen 08. 07 Sabine
zur Schönheit des Vertrauens

- Seite 100: Würden Sie sagen, dass die Qualität Ihres Schlafes mit Umständen verbunden ist, in denen Sie weniger oder mehr vertrauen können?
- Seite 101: Was halten Sie von der Aussage, dass »Schlafen manchmal das Geistlichste ist, was wir tun können«? In welchen Umständen stimmen Sie diesem Satz zu, in welchen vielleicht nicht?

- Wie könnten Sie vor dem Einschlafen im Blick auf Ihre Situation zu einer inneren Haltung des gelassenen Vertrauens finden? Gibt es ein Ritual, das Ihnen dabei helfen könnte?
- Seite 102: In welchem Lebensbereich haben Sie Ihr Vertrauen unterwegs verloren?
- Lesen Sie in Markus 5,21-24.35-43 die Geschichte von Jairus. Was ging ihm Ihrer Meinung nach durch den Kopf, als er kurz davor war, sein Vertrauen zu verlieren? Und was, als ihn Jesus aufforderte, im Vertrauen durchzuhalten?
- Seite 104: In welcher Lebenssituation fordert Jesus Sie zum Durchhalten im Vertrauen auf? Was konkret möchten Sie als Vertrauender tun?
- Seite 105: Wo hat Gott in Ihrem Leben um ein »Join-up« geworben?
- Seite 106: Gibt es eine Situation, in der er nur darauf wartet, dass Sie auf sein »Join-up« reagieren? Wie sieht Ihre Reaktion aus?
- Seite 107: Im Glauben kühn und unverschämt sein (»Chuzpe«) – was löst diese Vorstellung bei Ihnen aus? Erlauben Sie sich das?
- Seite 108: Ein Vertrauen, das bis ans Äußerste geht – was ist Ihrer Ansicht nach das »Äußerste«? Wo ist solch ein kühner Glaube bewundernswert? Wo wird er anmaßend?

Teil 3: Worauf du dich verlassen kannst
Gottes Gnade trauen

- Seite 114: Was halten Sie von der Behauptung, dass die Wirklichkeit der Gnade zu den Dingen gehört, denen Christen am wenigsten vertrauen? Wie begründen Sie Ihre Meinung?
- Seiten 114-118: Wenn Sie sich die Geschichte von Jesus mit seinen Jüngern vor Augen halten (vom Gespräch unterwegs zum Ölberg bis zum gemeinsamen Frühstück am See Genezareth nach der Auferstehung und dem Gespräch mit Petrus): Was darin berührt Sie persönlich am meisten?

- Wie gut gelingt es Ihnen, inmitten Ihres Versagens und Ihrer Unmöglichkeiten daran festzuhalten, dass Gott Ihnen unverändert gnädig zugewendet bleibt? Wo haben Sie das zum letzten Mal so erlebt?
- Seite 120: Haben Sie es schon erlebt, dass Sie Ihre persönlichen Schattenseiten verdrängt und einen nötigen Veränderungsprozess abgebrochen haben, weil Sie der Gnade Gottes nicht trauen konnten? Wie möchten Sie in Zukunft reagieren?
- Seite 121: Was halten Sie von diesem Satz: »Es gibt immer mehr Gnade bei Gott als Sünde – bei mir und bei Ihnen«? Was löst diese Aussage bei Ihnen aus?

19.8   Christel

Gottes Führung und Vorsehung trauen

- Seiten 124-127: Wenn Sie sich die verschiedenen Situationen vor Augen führen, in denen Menschen der Bibel Gottes fürsorgendes Begleiten und Lenken erfahren haben, wie leicht fällt es Ihnen zu glauben, dass dies auch für Sie gilt?
- Seite 128: Diskutieren Sie die Aussage, dass Gott einen Plan mit uns verfolgt, uns darin aber viel Freiraum lässt und nicht jeden Zentimeter unseres Weges fix vorgibt. Was halten Sie davon?
- Seite 129: Was in Ihrem eigenen Leben spricht für oder gegen die Aussage, dass Gott lieber bei uns ist und unsere Irr- und Umwege mitgeht, als dass er will, dass unser Leben auf einer eindeutig vorgegebenen Spur verläuft?
- Seite 131: Was halten Sie von der Betonung Romano Guardinis, dass Gottes Vorsehung Menschen gilt, die die Anliegen von Gottes Reich zu ihrer Priorität machen? Was ist anders im Leben eines Menschen, dem es um das Reich Gottes geht?
- Seite 133: Vor welche Entscheidungen und Einladungen zum Handeln stellt Sie Gott in Ihren momentanen Lebensumständen?
- Seite 133: Zu welchen Antworten kommen Sie im Blick auf Ihre Lebenssituation, wenn Sie über die drei Fragen nachdenken?

- Seite 134: Fällt es Ihnen eher leicht oder schwer, mit ungelösten Geheimnissen zu leben? Mit welchen ringen Sie in Ihrem eigenen Leben?
- Seite 137: Was löst die Umschreibung von Helmut Thielicke zur Gewissheit, die Glaubende haben können, bei Ihnen aus? Was nehmen Sie daraus konkret in Ihren Alltag mit?

Gottes unaufhörlichem Handeln trauen

- Seite 139: Was löst die Vorstellung bei Ihnen aus, dass jede gute menschliche Vaterschaft sich von Gott ableitet? Wie haben Sie Ihren eigenen Vater erlebt?
- Seite 140: Können Sie sich vorstellen, dass Christus so wie hier beschrieben für Sie bei Gott eintritt? Haben Sie andere Vorstellungen? Welche?
- Welche Art von ständiger innerer Erneuerung durch den an Ihnen wirkenden Gott wünschen Sie sich am meisten?
- Wie könnten Sie lernen, mit diesem ununterbrochenen Handeln Gottes in Ihrem Leben zu rechnen?

Und wenn mein Vertrauen zerbricht?

- Ist Ihnen Ihr Vertrauen auch schon einmal zerbrochen? Wie und weshalb?
- Wie sind Sie mit Ihrer Vertrauenskrise umgegangen?
- Seite 147-149: Welche der hier vorgeschlagenen Möglichkeiten zum Umgang mit verloren gegangenem Vertrauen sind neu für Sie (nicht fromm kaschieren, klagen und streiten, eingebettet sein)?
- Warum sind solche Reaktionsweisen ungewohnt für Sie?
- Was möchten Sie lernen und einüben?
- Seite 149: Was halten Sie von der Aussage, dass es ein Zeichen von Vertrauen sein kann, wenn ich Gott gegenüber meine Unfähigkeit zu vertrauen ausdrücke? Ist dieser Widerspruch Ihrer Meinung nach auflösbar? Wie?

Dem guten Ende trauen

- Was löst der Gedanke bei Ihnen aus, dass eines Tages alles, was in Ihrem Leben heute noch kaputt, unvollkommen und ungelöst ist, gut sein wird?
- Im Blick auf welche Bereiche Ihres Lebens ist dieser Ausblick ein besonderer Trost?
- Seiten 156-157: Machen Sie die hier vorgeschlagene Übung, in der Sie sich vorstellen, dass Sie selbst inmitten der von Gott erlösten Schar im Himmel stehen. Was löst diese Vorstellung bei Ihnen aus?
- Was werden Sie zu Gott sagen, wenn Sie dort vor ihm sind und er Ihnen Ihre Tränen abwischt? Was denken Sie, wird er zu Ihnen sagen?
- Was bedeutet die Aussicht auf diese Zukunft in der Gegenwart Gottes für Ihre Situation heute? Wie verändert dies Ihren Alltag?

Ein Rückblick auf das ganze Buch

- Wie haben sich die Lektüre dieses Buches und der Austausch darüber auf Ihren Glauben ausgewirkt?
- Welches war für Sie der wichtigste und bewegendste Moment beim Lesen?
- Welches sind die wichtigsten Einsichten und Veränderungen, die Sie mitnehmen können?
- Wie hat sich Ihr Vertrauen gegenüber Gott konkret verändert?
- Wie können Sie das neu Entdeckte bewahren und lebendig erhalten?
- Wie können Sie anderen Menschen helfen, im Vertrauen zu wachsen?